COLLEZIONE DI TEATRO

58.

Titolo originale *Le Rhinocéros*

Traduzione di Giorgio Buridan

ISBN 88-06-06908-X

Eugène Ionesco

IL RINOCERONTE

Giulio Einaudi editore

Nell'opera di Ionesco, *Tueur sans gages* e *Le Rhinocéros* costituiscono una svolta importante. Ionesco era partito, poco meno di quindici anni fa, con un teatro nuovo, sconcertante, piuttosto feroce: il teatro della decomposizione del linguaggio. Tutto ciò è fin troppo noto. Ma commedie come *La Cantatrice calva*, *La lezione*, *Jacques o la sottomissione*, con la loro impostazione prevalentemente umoristica, con la loro ambigua leggerezza, potevano, come hanno fatto, generare l'equivoco: che ci si trovasse di fronte a un puro giocoliere, a un acrobata del non-senso. È stato detto e scritto che Ionesco era il sarcastico *farceur* d'un mondo di parole in dissolvimento e brulicante come un formicaio; che il suo teatro (e fu Sartre ad affermarlo) era una sorta di sogno allucinato sul linguaggio, un incubo filologico.

Quanto v'era di ingiustamente limitativo in tale giudizio risulta chiaro ora, non tanto per l'inevitabile evoluzione moralistica di *pièces* come *Tueur sans gages* e *Le Rhinocéros*, ma per ciò che, nelle opere immediatamente successive a quelle sue prime, Ionesco è venuto scoprendo di sé e della sua concezione del teatro. In commedie come *Les Chaises*, *Victimes du devoir*, *Amédée ou comment s'en débarrasser*, il gioco è tutto diverso. Si parte, sí, dalla satira della conversazione comune, del linguaggio piccolo-borghese; ma mentre, per esempio, nella *Cantatrice calva* o nella stessa *Lezione*, la situazione d'avvio appariva assolutamente normale: una coppia di coniugi, parodia d'un perfetto *ménage* inglese medio, nella loro stanza di soggiorno; o un pedagogo seduto a un tavolo davanti alla sua allieva; in queste altre commedie eccoci subito di fronte a un fatto eccezionale, a una potente trovata fantastica; nella camera da letto di Amédée e di Madeleine un cadavere cresce a vista d'occhio, con rumori sordi, macabri scricchiolii; a poco a poco, la stanza semicircolare, circondata dal mare e dalla notte, in cui abitano il vecchio e la vecchia de *Les Chaises*, si riempie di una folla invisibile, poco manca che ne sentiamo i discorsi.

È chiaro che, in queste commedie, Ionesco si serve della deformazione del linguaggio usuale per far saltare in aria la realtà e scoprirne gli aspetti segreti, grotteschi, feroci. È lui stesso che lo scrive, d'altronde: « Il problema è di andare all'origine delle nostre angosce, di ritrovare il linguaggio non convenzionale di queste angosce, forse attraverso la disarticolazione di quel linguaggio *sociale* che è composto di *clichés*, formule vuote, slogan ». Come si sbagliarono, dunque, i critici di Ionesco, quando credettero di poterlo frettolosamente classificare fra gli epigoni di un umorismo « informale ».

Si era benissimo capito, tuttavia, che quel suo mondo di robot non era un gioco gratuito; quegli automi, come fu giustamente notato, sembravano sempre lí lí per pronunciare una parola importante, remota, dimenticata dai piú. In realtà non la dicevano mai, al massimo arrivavano a balbettarne forse la prima sillaba, destinata a perdersi regolarmente in quel ronzio di tetri calabroni che è il dialogo di Ionesco. Per cominciare a mettere le carte in tavola, lo scrittore fu costretto a intervenire di persona. Cosí ne *L'impromptu de l'Alma*, il protagonista e l'interprete delle tesi di Ionesco è un personaggio che porta il suo nome. Uomo discreto, retrattile, furtivo, Ionesco fu sollecitato a uscire dal suo isolamento, in fondo patetico, da coloro che lo accusavano di considerare l'universo borghese come l'unico rappresentativo della condizione umana e di pretendere, descrivendo la dissoluzione di quel mondo, di esprimere la tragedia moderna dell'uomo. In altri termini, era imputato di assenteismo, lo accusavano di non impegnarsi socialmente, di camminare lontano dalla strada maestra, di rimanere al gioco, al divertimento marginale. Ne *L'impromptu de l'Alma*, indossando con umoristico compiacimento la toga professorale, Ionesco risponde ai suoi critici; rivendica quella che, secondo lui, è l'unica universalità possibile del teatro: la proiezione, sulla scena, del mondo di dentro: i miei sogni, egli dice in sostanza, le mie angosce, i miei desideri oscuri, le mie contraddizioni interiori, non mi appartengono in esclusiva; essi sono un patrimonio comune, un'eredità ancestrale, di tutta l'umanità. Facendo oggetto di teatro questo mondo interiore, questi desideri nascosti, questi sogni, questi segreti conflitti, si è dunque piú vicini alla realtà storica di chi pretenda di mettere in scena, per esempio, una battaglia sindacale o di descrivere, in modo didascalico, su un palcoscenico, la linea politica di un partito: perché quei moti interni, quelle segrete metamorfosi sono poi all'origine di tutte le nostre azioni sociali.

Ragionamento ingegnoso ma un po' tirato per i capelli; che dimostra come, a farsi passare per moralisti, quando moralisti non si è, ma temperamenti esclusivamente lirici e fantastici, si corre pure qualche rischio; come minimo, quello di rivelare il proprio disperato solipsismo intellettuale. Ora, *L'impromptu de l'Alma* costituisce la premessa teorica delle due commedie in tre atti, *Tueur sans gages* e *Le Rhinocéros*; anzi, si potrebbe dire che le due commedie sono, in un certo senso, specialmente la seconda, la contraddizione dialettica e volontarista di quella premessa; quasi che Ionesco le abbia scritte per dimostrare che anch'egli era capace di impegnarsi con la realtà sociale, ma che, in pari tempo, la sua particolare forma di *engagement* non poteva che assumere quell'aspetto fantomatico, non poteva che uscire da un'intimità violata, da un trauma; da un caso, insomma, rappresentabile in termini di allegoria psicoanalitica.

Nelle due commedie, in verità, si tratta dello stesso tema: perché, se nella prima il misterioso sicario al quale nessuno sfugge, nella Città Radiosa – salvo i funzionari dell'amministrazione –, può essere preso a prima vista per una generica incarnazione del male, in realtà il suo significato simbolico è un altro e si viene chiarendo assai bene, man mano che ci si avvicina alla famosa scena finale, quella in cui Berenger, con una lunga, patetica tirata, d'altronde assai bella, gli rivolge una serie di interrogativi destinati a rimanere senza risposta, gli domanda perché uccide. L'assassino è in realtà un'immagine delle alienazioni cui gli uomini sono sottoposti nelle società moderne; un'immagine di quel conformismo per cui essi rinunciano a se stessi e vanno, a occhi chiusi, verso l'annientamento, se non della vita fisica come le vittime del sicario, certo della propria individualità, della propria autonomia e indipendenza, in una parola dello spirito. Ma cosí chiarita, questa simbologia diventa elementare, semplicistica, addirittura didascalica. Il suo fascino, quando c'è, sta invece nella sua enigmaticità; e Ionesco è realmente efficace in questa commedia quando sembra voler tirare in lungo, quasi parlando d'altro; quando, come nel secondo atto, in casa di Berenger, dà via libera al suo sempre nervoso, brillante funambolismo e dalla borsa di Edouard, amico di Berenger insieme con la foto del *Colonnello* – esca adoperata dal sicario per attirare le vittime – fa uscire tutta una tetra chincaglieria senza senso.

Insomma, quando Ionesco indugia nel suo straziante gioco e intanto sullo sfondo si profila la sagoma di un mistero senza nome; quando il suo Berenger cammina sull'orlo di abissi sconosciuti, dei quali finge di non accorgersi e non ha altri sostegni che il suo stupore e la sua buona fede; allora anche le opere di questa seconda maniera sono quanto di piú valido ci abbia dato il teatro europeo, in questi anni; il ronzio tetro, seducente e talvolta incomprensibile del dialogo di Ionesco si coagula qui in suoni striduli ma precisi, gli interni piccolo-borghesi di commedie come *La Cantatrice calva*, *Comment s'en débarrasser*, *L'avenir est dans les œufs*, quei salotti bui, con orologi a pendolo tristi e pazzi, poltrone da rigattiere con sopra appuntate trine polverose, ritratti di orribili vecchi alle pareti, si spaccano; e, dietro, si intravedono figurazioni misteriose, architetture di città moderne, antichi mobili sghembi, alti come case, *flics*, montati su giganteschi trampoli, che dirigono il traffico da una quota press'a poco uguale a quella dell'ultima terrazza della torre Eiffel.

Il rinoceronte è la stessa favola semplificata, portata alla massima evidenza plastica dei suoi simboli. È probabilmente questa evidenza, questo significato cosí palese, a nuocerle. Ne fa, nei suoi termini politici, una specie di *pamphlet*. Pierre-Aimé Touchard, in un saggetto affettuoso e casalingo su Ionesco, ha detto che egli scrive una commedia come altri tiene giorno per giorno un diario, sotto l'impressione ogni volta di uno « choc » emotivo; e che gli accade, anche, di tornare con un'opera nuova su ciò che ha già detto, per renderlo piú chiaro, piú universale, piú mordente. Cosí, egli riprende qui il tema di *Tueur sans gages*, ma senza il poetico mistero della prima commedia. Tutto è chiaro fin dalla prima scena, tutto è semplice e palese. E come, durante il primo atto, sentiamo rimbombare il trotto del rinoceronte dietro le quinte, già abbiamo capito che la metamorfosi collettiva sarà inevitabile. Insomma, tutto ciò che vi è di ideologico in questa *pièce* ci interessa solo di riflesso. Sappiamo benissimo che essa è in perfetto accordo, come *Tueur sans gages*, col pessimismo di Ionesco: « Nessuna società ha potuto abolire la tristezza, nessuna politica ci può liberare dal malessere esistenziale, dalla paura della morte, dalla nostra sete d'assoluto; è la condizione umana che determina la condizione sociale e non viceversa »; qualsiasi società, per perfetta che sia, implica una spersonalizzazione dell'uomo, spinta talvolta « fino all'alienazione totale e all'ingresso nella irresponsabilità collettiva... »

Ma quando, durante il primo atto, assistiamo, nella piazza

della piccola città di provincia dove il primo rinoceronte ha fatto la sua apparizione, alla discussione astratta e pignola sul dilemma se siano i rinoceronti d'Asia o quelli d'Africa ad avere un solo corno; quando, nel secondo tempo, ci viene descritta la grassa e sbuffante signora Bœuf galoppare felice in groppa al rinoceronte nel quale ha riconosciuto il marito, allontanatosi da casa per il week-end; allora il significato ideologico del simbolo viene cancellato dal suo splendore umoristico e ritroviamo lo Ionesco delle invenzioni abnormi, fantastiche, surreali; lo Ionesco che popola Parigi, le gallerie del « métro », i « quais » della Senna, lo stesso letto del fiume, dei mobili d'un signore vestito di nero, che sta semplicemente cambiando casa.

Insomma, quest'opera è valida per le dimensioni di teatro che, una volta di piú, lo straordinario talento inventivo di Ionesco apre. La metamorfosi a vista del personaggio Jean, dentro e fuori la stanza da bagno, ogni volta sempre meno uomo e sempre piú rinoceronte, sotto gli occhi atterriti di Berenger, è un modello di teatro antipsicologico, ridotto a puro gesto, che la parola accompagna con una semplice funzione indicativa. È il ritorno alla pantomima, ai valori didascalici e parodistici della pantomima e qui Ionesco – sembra impossibile – si incontra con Brecht. La scena, che precede il finale, fra Daisy e Berenger, quando la ragazza decide di abbandonare quel suo cocciuto compagno, che non vuole ascoltare il richiamo del branco, è un altro pezzo tipico, del piú puro Ionesco. Bastano poche battute per far passare il tempo d'una vita: i due nella stanza assediata dai rinoceronti sono diventati d'improvviso due antichissimi coniugi, l'eterna coppia borghese, Amédée e Madeleine col loro misterioso cadavere sul letto, i due vecchi delle *Chaises*, gli Smith della *Cantatrice calva*, che non possono dirsi piú niente.

Strano favolista, Ionesco. Le sue morali non hanno certo la semplicità proverbiale dei favolisti classici, la loro elementare, fredda forza di convinzione. Un suono patetico, e un tantino retorico, si stacca dal grido finale di Berenger: « E allora, tanto peggio! Mi difenderò contro tutti! La mia carabina, la mia carabina! Contro tutti quanti mi difenderò, contro tutti quanti! Sono l'ultimo uomo, e lo resterò fino alla fine! Io non mi arrendo! Non mi arrendo! » I suoi simboli, cosí sottolineati e ingigantiti nel loro significato polemico contro i totalitarismi della società moderna, diventano persino ovvî. Ma come cominciano a vivere sul palcoscenico, ecco che si trasformano in immagini poetiche, in visioni misteriose, a sé stanti, che non hanno nessun bisogno, per vivere, d'un supporto ideologico.

Tant'è vero che l'apogeo dal quale Ionesco ha tratto la commedia e che pubblicò sulle « Lettres nouvelles », salvo la trovata fantastica, non ha altro. Nella commedia, invece, quella stessa invenzione si illumina e il trotto monotono e pesante dei rinoceronti, la loro forza tetra, il loro richiamo che a poco a poco diventa melodico, voce di una consanguineità che basterebbe accettare per essere sereni e spenti, fuori dal doloroso carcere di se stessi, si prolungano insidiosamente, a sipario e a libro chiusi, nel cuore dello spettatore e del lettore.

ROBERTO DE MONTICELLI

IL RINOCERONTE

Personaggi

La casalinga
La droghiera
Jean
Berenger
La cameriera
Il droghiere
Il vecchio signore
Il filosofo
Il padrone del caffè
Daisy
Il signor Papillon
Dudard
Botard
La signora Bœuf
Un pompiere
La moglie del signor Jean
Un vecchietto
Alcune teste di rinoceronte

ATTO PRIMO

Piazza di una cittadina di provincia. Al fondo, una casa composta di pianterreno e primo piano. A pianterreno, la vetrina di una drogheria. Vi si entra da una porta a vetri cui si accede salendo due o tre scalini. Sopra la vetrina, una scritta a grossi caratteri: DROGHERIA. *Al primo piano, due finestre (quelle dell'alloggio dei droghieri). La drogheria è al fondo del palcoscenico, a sinistra, vicino alle quinte. Sopra il tetto della casa si vede, in lontananza, il campanile di una chiesa. Tra la drogheria e il lato destro della scena, si vede in prospettiva una strada. Sulla destra, un po' di sbieco, la vetrina di un caffè. Sopra il caffè, un piano con una finestra. Davanti al caffè, tavolini e sedie occupano il palcoscenico sino al centro. Presso le sedie del caffè, un albero polveroso. Cielo azzurro, luce intensa, muri bianchissimi. È una domenica d'estate, verso mezzogiorno. Jean e Berenger vanno a sedersi a un tavolino del caffè.*
Prima che il sipario si alzi, si sente scampanare. Il rumore delle campane cesserà qualche secondo dopo l'apertura completa del sipario. Mentre il sipario si alza, una donna (che ha sotto braccio la borsa della spesa, vuota, e sotto l'altro braccio un gatto) attraversa in silenzio la scena da destra a sinistra. Mentre passa, la droghiera apre la porta del negozio e guarda la donna.

LA DROGHIERA Ah, quella! (*Rivolta al marito che è in negozio*) Non vuol piú servirsi da noi. (*Rientra*).

Palcoscenico vuoto per alcuni secondi.

Jean entra da destra, mentre da sinistra entra Berenger. Jean è vestito con molta cura: abito e cappello marrone, cravatta rossa, colletto inamidato. Ha una faccia rubiconda. Calza scarpe gialle lucidate per bene. Berenger, invece, non si è fatto la barba, è senza cappello, spettinato, con il vestito stazzonato. Tutto in lui denota negligenza e disordine; ha l'aria stanca e intontita e ogni tanto sbadiglia.

JEAN (*entra da destra*) Oh, Berenger, finalmente.
BERENGER (*arriva da sinistra*) Buongiorno, Jean.
JEAN Sempre in ritardo, eh! (*Guarda l'orologio al polso*) Dovevamo trovarci alle undici e mezzo. È quasi mezzogiorno.
BERENGER Mi scusi. È molto che aspetta?
JEAN No, come vede arrivo adesso.

Vanno a sedersi a un tavolino del caffè.

BERENGER Allora non mi sento tanto in colpa visto che... anche lei...
JEAN Per me è diverso, non mi va di aspettare, non ho tempo da perdere, io. Dato che lei non è mai puntuale, arrivo apposta in ritardo, all'ora in cui prevedo che avrò il piacere di trovarla.
BERENGER Giusto, giusto. Però...
JEAN Non vorrà dirmi che è arrivato puntuale!
BERENGER Ah, certo, non posso dirlo.

Jean e Berenger si sono seduti.

JEAN Appunto.
BERENGER Che cosa beve?
JEAN Come? Lei ha già sete a quest'ora? Di mattina?
BERENGER Mah... fa cosí bello, cosí caldo...

JEAN La scienza popolare dice che piú si beve e piú si berrebbe...

BERENGER Ma se potessimo fare arrivare anche qui, nel nostro cielo, delle nuvole scientifiche, farebbe meno caldo e avremmo meno sete.

JEAN (*osserva Berenger*) Sí, ma a lei non servirebbe lo stesso. Non è d'acqua che lei ha sete, caro Berenger...

BERENGER E con questo che intende dire, caro Jean?

JEAN Oh! Lei mi ha capito benissimo. Parlo della sua gola secca: ci vuol altro per innaffiarla!

BERENGER La sua frase mi pare...

JEAN (*interrompendolo*) Lei è su una cattiva strada, amico mio.

BERENGER Su una cattiva strada? E perché?

JEAN Non sono cieco. Lei crolla dalla stanchezza, ha ancora passato una notte bianca, sbadiglia, è morto di sonno...

BERENGER Ho un leggero mal di testa...

JEAN ... e puzza di alcool!

BERENGER Già, è vero, ho anche la bocca impastata!

JEAN Ogni domenica mattina è la stessa storia, per non parlare degli altri giorni della settimana.

BERENGER No, no, in settimana succede di rado, per via dell'ufficio...

JEAN E la cravatta? Dove ha messo la cravatta? Perduta durante le orge notturne!

BERENGER (*porta la mano al colletto*) Sí, è vero, strano: chissà dov'è andata a finire?

JEAN (*estrae una cravatta dalla tasca della giacca*) Ecco: prenda la mia.

BERENGER Oh, grazie, molto gentile. (*Si annoda la cravatta*).

JEAN (*mentre Berenger sistema alla cieca la cravatta*) È tutto spettinato! (*Berenger si passa le dita tra i capelli*). Su: prenda il mio pettine. (*Estrae un pettine dall'altra tasca della giacca*).

BERENGER (*prende il pettine*) Grazie. (*Si pettina alla meglio*).

JEAN E non si è neppure fatto la barba! Si guardi! Ma

guardi che faccia! (*Estrae dalla tasca interna della giacca uno specchietto che passa a Berenger*).

BERENGER (*si guarda, poi tira la lingua e la osserva*) Uhm... ho la lingua molto bianca.

JEAN (*riprende lo specchietto e lo rimette in tasca*) Non mi stupisce!... (*Riprende anche il pettine che Berenger gli rende e lo rimette in tasca*) Lei è un candidato alla cirrosi, amico mio!

BERENGER (*inquieto*) Sul serio?

JEAN (*a Berenger, che accenna a restituirgli la cravatta*) Tenga pure la cravatta, ne ho altre di scorta.

BERENGER (*ammirato*) È proprio ordinato, lei.

JEAN (*continua ad osservare Berenger con disapprovazione*) Uhm... vestiti tutti stazzonati... deplorevole! Camicia lurida... e le scarpe poi... (*Berenger tenta di nascondere i piedi sotto il tavolino*). Già! Non ha neanche lucidato le scarpe! Che disordine!... Le spalle...

BERENGER Be', cos'hanno le mie spalle?

JEAN Si giri. Avanti, si giri. Ecco, ecco: si è appoggiato a un muro e... (*Berenger tende pigramente la mano a Jean*). No! Non mi porto dietro anche la spazzola. Mi sformerebbe le tasche. (*Sempre pigramente Berenger si dà dei colpetti sulle spalle per togliere la polvere di calce. Jean tira indietro la testa*) Complimenti! Dove si è conciato cosí?

BERENGER Non mi ricordo.

JEAN È deplorevole, deplorevole! Mi vergogno di essere suo amico.

BERENGER Be', adesso lei è un po' troppo severo...

JEAN C'è di che!

BERENGER Senta, Jean. Non ho nessuna distrazione, in questa cittadina ci si annoia e poi non sono tagliato per il lavoro che faccio... sí, tutti i giorni in ufficio, otto ore, e tre sole settimane di ferie d'estate! Lei capisce, il sabato sera sono cosí depresso che per distendere i nervi...

JEAN Ma mio caro, tutti quanti lavorano, anch'io lavoro come lei... faccio anch'io otto ore al giorno di ufficio e non ho che ventun giorni di ferie all'anno... eppure,

eppure, come può constatare... Un po' di amor proprio, che diamine!

BERENGER Amor proprio! Eh, non tutti sono come lei. Io non mi ci adatto. Proprio non mi ci adatto alla vita!

JEAN Storie! Tutti dobbiamo adattarci. Perché, lei forse si crede un essere superiore?

BERENGER No, non pretendo affatto...

JEAN (*interrompendolo*) Valgo quanto lei – anzi, modestia a parte – valgo molto piú di lei. L'uomo superiore è colui che sa compiere il proprio dovere.

BERENGER Che dovere?

JEAN Il suo dovere... il suo dovere d'impiegato, per esempio.

BERENGER Ah, capisco, il suo dovere d'impiegato...

JEAN E dove si sono svolte le sue orge della notte scorsa? Ammesso che se lo ricordi...

BERENGER Abbiamo... sí, abbiamo festeggiato il compleanno di Augusto, del nostro amico Augusto...

JEAN Il nostro amico Augusto? Non sono stato invitato, io, a festeggiare il compleanno del nostro amico Augusto!

Sulla fine della battuta, si sente, lontano, ma in crescendo, l'ansimare di una fiera in rapido galoppo e un lungo barrito.

BERENGER Mi creda, non potevo rifiutare. Sarebbe stata una scortesia.

JEAN Ci sono forse andato, io?

BERENGER Forse lei non ci è andato perché non era stato invitato.

LA CAMERIERA (*esce dal caffè*) Buongiorno, signori. Che cosa prendono?

I rumori sono ora forti e vicini.

JEAN (*a Berenger, quasi gridando, per sovrastare i rumori di cui pare non essersi accorto*) Verissimo, non ero invitato... non ho avuto questo onore... Ma posso comunque assicurarle che anche se mi avessero invitato, non ci sarei andato, perché... (*i rumori sono fortissimi*) ... ma che diavolo succede? (*Vicinissimo galoppo di un grosso e pesante animale. Si distingue l'ansimare affannoso della bestia*) ... ma, ma... che cos'è?

CAMERIERA Ma che cos'è?

Berenger, sempre sonnolento, ha l'aria di non accorgersi di nulla. Risponde tranquillo a Jean a proposito dell'invito. Muove le labbra e non si sente che cosa dice.

JEAN (*si alza di scatto, rovescia la sedia, sguardo fisso verso la quinta di sinistra. Fa mimica col braccio, mentre Berenger, sempre intontito, resta seduto*) Oh! Un rinoceronte!

I rumori dell'animale si allontanano rapidamente, in modo che si possano distinguere le battute seguenti. Tutta questa scena va recitata in modo serrato.

JEAN (*ripete*) Oh! Un rinoceronte!

CAMERIERA Oh! Un rinoceronte!

DROGHIERA (*si affaccia alla porta del negozio*) Oh! Un rinoceronte! (*Al marito, rimasto in negozio*) Presto, vieni a vedere... un rinoceronte!

Tutti seguono, lo sguardo fisso a sinistra, la corsa del pachiderma.

JEAN Galoppa a testa bassa, sfiora le vetrine!

IL DROGHIERE (*dal negozio*) Dove?

CAMERIERA (*appoggia le mani sui fianchi*) Oh!

DROGHIERA (*al marito che è sempre in negozio*) Vieni a vedere, ti dico!

Nello stesso istante il droghiere sporge la testa.

DROGHIERE Oh! Un rinoceronte!

IL FILOSOFO (*entra rapidamente in scena da sinistra*) Un rinoceronte al galoppo sul marciapiede di fronte!

Tutte le battute, ad iniziare dal primo « Oh! Un rinoceronte! » di Jean sono quasi simultanee. Si distingue un « Oh! » di intonazione femminile. Entra un donna. Corre sino al centro del palcoscenico. È la casalinga con la sua sporta sotto il braccio. Giunta al centro della scena, con mimica di terrore, lascia cadere la sporta. Le provviste si sparpagliano sulla scena, una bottiglia va in pezzi. Tuttavia ella non abbandona il gatto che tiene con l'altro braccio.

LA CASALINGA Ah! Oh!

Il vecchio distinto signore entra da sinistra seguendo la casalinga. Si precipita nella drogheria, spinge da parte i droghieri che stanno sulla porta ed entra in negozio.
Il filosofo andrà invece ad appoggiarsi al muro del fondale, a sinistra del negozio. Jean e la cameriera in piedi e Berenger seduto, formano un secondo gruppo. Frattanto si sentiranno da sinistra varie esclamazioni (« Ah! Oh! ») e passi di gente in fuga. La polvere sollevata dal rinoceronte si alza sul palcoscenico.

IL PADRONE DEL CAFFÈ (*si affaccia alla finestra sopra il caffè*) Che succede?
IL VECCHIO SIGNORE (*si nasconde dietro ai droghieri*) Scusate! (*È un vecchio signore distinto ed elegante. Porta ghette bianche, un cappello floscio, una canna dal pomo di avorio*).

Il filosofo resta appoggiato al muro di fondo. Ha baffetti grigi, un pince-nez e una paglietta.

DROGHIERA (*urtata ed urtando il marito, rivolgendosi al vecchio signore*) E stia piú attento con quella canna!
DROGHIERE Ma vuol fare attenzione?

Si scorgerà la testa del vecchio signore spuntare dietro i droghieri.

CAMERIERA (*al padrone del caffè*) Un rinoceronte!
PADRONE (*dalla finestra, alla cameriera*) Storie! E dov'è?
CASALINGA Ah!

Gli « Ah! » e gli « Oh! » che provengono dalle quinte fanno da sottofondo sonoro alla esclamazione della casalinga.

CASALINGA (*pur avendo lasciato cadere la bottiglia e le provviste, continua a tener stretto il gattino con l'altro braccio*) Povero micio, ha avuto tanta paura!

Il padrone guarda sempre a sinistra, come a seguire la corsa del pachiderma, mentre il rumore degli zoccoli e dei barriti decresce e si allontana. Berenger si limita a tirare indietro la testa, per via della polvere. È intontito e fa una mimica di noia.

PADRONE Ah, questa poi!
JEAN (*sposta la testa con gesto nervoso*) Ah, questa poi! (*Starnutisce*).
CASALINGA (*al centro della scena, rivolta verso sinistra. Le provviste sono sparse per terra, intorno a lei*) Ah, questa poi! (*Starnutisce*).
VECCHIO SIGNORE e DROGHIERI (*sul fondo, riaprendo la porta del negozio che il vecchio signore aveva chiuso dietro di sé*) Ah, questa poi!
JEAN Ah, questa poi! (*A Berenger*) Ma ha visto?!

I rumori del rinoceronte (zoccoli, barriti, ecc.) sono passati. Tutti seguono ancora con lo sguardo l'animale. Solo Berenger è rimasto seduto, apatico.

TUTTI (*tranne Berenger*) Ah, questa poi!

BERENGER (*a Jean*) Mi pareva proprio che fosse... già, un rinoceronte! E che polverone! (*Estrae il fazzoletto e si soffia il naso*).

CASALINGA Ah, questa poi! Ho preso uno spavento!

DROGHIERE (*alla casalinga*) La borsa... le sue provviste, signora...

Il vecchio signore si avvicina alla casalinga e si china a raccogliere le provviste sparpagliate per terra. Saluta cerimoniosamente togliendosi il cappello.

PADRONE Certo che... sembra impossibile...

CAMERIERA Cose dell'altro mondo!

VECCHIO SIGNORE (*alla casalinga*) Signora: mi permetta di aiutarla a raccogliere le provviste.

CASALINGA (*al vecchio signore*) Grazie, signore. Ma, la prego, si rimetta il cappello. Oh! Ho preso uno spavento!

FILOSOFO La paura è un fatto irrazionale. La ragione deve vincerla.

CAMERIERA Per fortuna non si vede piú.

VECCHIO SIGNORE (*alla casalinga, indicando il filosofo*) Il mio amico è un filosofo.

JEAN (*a Berenger*) Be', che ne dice lei?

CAMERIERA Come corrono questi animali!

CASALINGA (*al filosofo*) Molto lieta, signore.

DROGHIERE (*alla droghiera*) Le sta bene, a quella lí. Non aveva fatto la spesa da noi.

JEAN (*al padrone del caffè e alla cameriera*) Be', che ne dite?

CASALINGA Però il mio gatto l'ho tenuto stretto!

PADRONE (*dalla finestra, alza le spalle*) Certo che non succede tutti i giorni!

CASALINGA (*al filosofo, mentre il vecchio signore le raccoglie le provviste*) Le dispiace tenermelo un momento?

CAMERIERA (*a Jean*) Io non ne avevo mai visti!

FILOSOFO (*alla casalinga, mentre prende il gattino*) Non graffia?

PADRONE (*a Jean*) È come una cometa!
CASALINGA (*al filosofo*) No, è tanto carino. (*Agli altri*) Il mio vino, con quel che costa!
DROGHIERE (*alla casalinga*) Se è solo per questo, da me non manca!
JEAN (*a Berenger*) Ma, mi dica: che ne pensa lei?
DROGHIERE (*alla casalinga*) E di prima qualità!
PADRONE (*alla cameriera*) Su, basta perder tempo! Occupati dei signori! (*Indica Jean e Berenger, poi ritira la testa dalla finestra*).
BERENGER (*a Jean*) Di che stava parlando?
DROGHIERA (*al droghiere*) E vai a prendere un'altra bottiglia per la signora, svelto!
JEAN (*a Berenger*) Ma del rinoceronte, no? Del rinoceronte!
DROGHIERE (*alla casalinga*) Ho dell'ottimo vino in bottiglie infrangibili. (*Sparisce nel negozio*).
FILOSOFO (*accarezza il gatto che tiene tra le braccia*) Micio, micio, micio!
CAMERIERA (*a Berenger e a Jean*) Che cosa prendono i signori?
BERENGER (*alla cameriera*) Due aperitivi all'anice.
CAMERIERA Subito, signori. (*Si avvia verso il caffè*).
CASALINGA (*raccattando le provviste con l'aiuto del vecchio signore*) Non so proprio come ringraziarla...
CAMERIERA Allora due all'anice! (*Entra nel caffè*).
VECCHIO SIGNORE (*alla casalinga*) Ma di che, signora? Mio dovere...

La droghiera rientra in negozio.

FILOSOFO (*al vecchio signore e alla casalinga intenti a rimettere le provviste nel paniere*) Rimettetele a posto con metodo.
JEAN (*a Berenger*) Allora, che ne dice?
BERENGER (*a Jean, non sa cosa rispondere*) Be', niente... ha fatto un polverone...
DROGHIERE (*esce dal negozio con una bottiglia di vino. Rivolto alla casalinga*) Ho anche dei porri.

FILOSOFO (*continua ad accarezzare il gatto*) Micio, micio, micio!

DROGHIERE (*alla casalinga*) Costa cento franchi al litro.

CASALINGA (*dà i soldi al droghiere. Poi si rivolge al vecchio signore che è riuscito a sistemare tutto nella sporta*) Lei è molto gentile. Ah, la cortesia dei francesi! Non è come i giovani del giorno d'oggi!

DROGHIERE (*intasca i soldi della casalinga*) Dovrebbe servirsi sempre da noi. Cosí non avrà neanche bisogno di traversare la strada. Eviterebbe di fare brutti incontri! (*Rientra in negozio*).

JEAN (*si è seduto. Pensa sempre al rinoceronte*) Certo che son cose da non credersi!

VECCHIO SIGNORE (*si toglie il cappello e bacia la mano alla casalinga*) Lietissimo di conoscerla!

CASALINGA (*al filosofo*) La ringrazio per avermi tenuto il gatto.

Il filosofo ridà il gatto alla casalinga.

CAMERIERA (*esce dal caffè con le consumazioni*) Ecco gli aperitivi, signori!

JEAN (*a Berenger*) Lei è incorreggibile!

VECCHIO SIGNORE (*alla casalinga*) Posso accompagnarla per un tratto?

BERENGER (*a Jean, indicando la cameriera che rientra nel caffè*) Avevo ordinato dell'acqua minerale. Si è sbagliata.

Jean, incredulo, alza le spalle con mimica di disprezzo.

CASALINGA (*al vecchio signore*) La ringrazio, signore, ma mio marito mi aspetta. Sarà per un'altra volta...

VECCHIO SIGNORE (*alla casalinga*) Me lo auguro di tutto cuore, cara signora.

CASALINGA (*al vecchio signore*) Anch'io. (*Sorride compiaciuta, poi esce da sinistra*).

BERENGER Meno male, la polvere è sparita.

Jean alza di nuovo le spalle.

VECCHIO SIGNORE (*al filosofo, seguendo con lo sguardo la casalinga*) Incantevole!

JEAN (*a Berenger*) Un rinoceronte! Non riesco a crederci!

Il vecchio signore e il filosofo si dirigono adagio verso destra, discorrendo con calma.

VECCHIO SIGNORE (*al filosofo, dopo aver gettato un ultimo sguardo a sinistra, ove è uscita la casalinga*) Deliziosa, vero?

FILOSOFO (*al vecchio signore*) Ora le chiarirò il concetto di sillogismo.

VECCHIO SIGNORE Ah, sí, il sillogismo!

JEAN (*a Berenger*) Non posso crederci! È inammissibile!

Berenger sbadiglia.

FILOSOFO (*al vecchio signore*) Il sillogismo comprende la proposizione principale, la secondaria e la conclusione.

VECCHIO SIGNORE Che conclusione?

Il filosofo e il vecchio signore escono di scena.

JEAN No! Non ci posso credere!

BERENGER (*a Jean*) Lo vedo bene che non ci può credere. Eppure, era un rinoceronte, eh, già, proprio un rinoceronte! Ma adesso è lontano... lontano...

JEAN Ma scusi... ma... È inaudito! Un rinoceronte in libertà in una cittadina... e lei non si stupisce? Dovrebbero vietarlo! (*Berenger sbadiglia*). E si metta almeno la mano davanti alla bocca!

BERENGER (*sbadiglia*) Già... già... dovrebbero vietarlo! Certo, è pericoloso... non ci avevo pensato. Ma non se la prenda, ormai siamo fuori pericolo.

JEAN Bisogna protestare con le autorità municipali! Che diavolo ci stanno a fare le autorità municipali?

BERENGER (*sbadiglia, poi si porta in fretta la mano dinanzi alla bocca*) Oh, mi scusi... Forse il rinoceronte è scappato dal giardino zoologico.

JEAN Lei sogna!

BERENGER Ma se ho gli occhi aperti.

JEAN Aperti o chiusi, fa lo stesso.

BERENGER Eh no, è diverso.

JEAN Comunque non si tratta di questo.

BERENGER Ma se è proprio lei a dire che fa lo stesso a occhi aperti o chiusi.

JEAN Lei non mi ha capito. Dicevo: aperti o chiusi, fa lo stesso quando si sogna!

BERENGER Eh, sí, sogno... la vita è un sogno.

JEAN ... e sogna quando afferma che il rinoceronte è scappato dallo zoo.

BERENGER Ho detto: forse...

JEAN ... perché in questa città non abbiamo piú lo zoo da quando gli animali sono stati decimati dalla peste... tanto tempo fa...

BERENGER (*apatico*) Allora può darsi che venga da un circo.

JEAN Ma di che circo parla?

BERENGER Non so... un circo di passaggio.

JEAN Lei sa benissimo che il municipio ha proibito agli zingari di accamparsi nel territorio comunale... Non ne vengono piú da quando eravamo bambini.

BERENGER (*tenta invano di frenare uno sbadiglio*) In tal caso può darsi che da allora l'animale sia rimasto nascosto nei boschi paludosi dei dintorni.

JEAN (*braccia al cielo*) I boschi paludosi dei dintorni? I boschi paludosi dei dintorni?! Ah, povero Berenger, i fumi dell'alcool le dànno alla testa!

BERENGER (*candido*) Già, infatti... salgono su dallo stomaco e...

JEAN Appunto, le dànno alla testa. Ma quando mai lei ha visto dei boschi paludosi nei dintorni? La nostra provincia è chiamata « La piccola Castiglia » tanto è arida e brulla!

BERENGER (*seccato e stanco*) E che ne so, allora! Si sarà nascosto sotto un sassolino... oppure avrà fatto il nido su un ramo secco.

JEAN Se crede di essere spiritoso, lei si sbaglia di grosso, glielo dico io. Lei mi ha proprio stufato con questi... con questi paradossi! Non è possibile parlare sul serio con lei!

BERENGER (*si tocca la fronte, con gesto vago*) Oggi, solo oggi, per via di... sí, perché io...

JEAN Oggi come sempre!

BERENGER Piano, non esageriamo...

JEAN Le sue battute di spirito non valgono un soldo!

BERENGER Non pretendo certo di...

JEAN (*interrompendolo*) Detesto di essere preso in giro!

BERENGER (*mano sul cuore*) Ma caro Jean, non mi permetterei mai...

JEAN (*interrompendolo*) Sí, caro Berenger, lei se lo è permesso.

BERENGER No, non è vero, non me lo sono permesso...

JEAN Sí invece, se lo è appena permesso...

BERENGER Come può credere che io...

JEAN (*interrompendolo*) Lo credo perché è vero!

BERENGER Ma le garantisco...

JEAN (*interrompendolo*) ... che mi prende in giro!

BERENGER Ma lei è davvero testardo!

JEAN E non basta: mi dà anche del mulo! Vede? M'insulta.

BERENGER Insultare lei? Non mi è mai saltato in testa.

JEAN Lei non ha testa.

BERENGER Appunto. Proprio per questo non mi è mai saltato in testa.

JEAN (*interrompendolo*) Ci sono cose che saltano in testa anche a quelli che sono senza testa.

BERENGER Impossibile.

JEAN Perché dice che è impossibile?

BERENGER Ma perché è impossibile.

JEAN E allora si degni di spiegarmi perché è impossibile, dal momento che ha la pretesa di spiegare tutto.

BERENGER Non ho mai avuto una pretesa simile.

JEAN E allora perché parla come se ce l'avesse? E torno a chiederle, perché m'insulta?!

BERENGER Io non la insulto affatto. Al contrario. Lei non ha neanche l'idea di quanto io la stimi.

JEAN Se mi stima, perché mi viene a dire che non è pericoloso lasciar galoppare un rinoceronte in pieno centro, specie di domenica mattina, proprio quando le strade sono piene di ragazzi... e anche di adulti...

BERENGER Molti sono andati a messa. E quelli non corrono pericoli...

JEAN Scusi... all'ora del mercato, per di piú!

BERENGER Non ho mai detto che non fosse pericoloso lasciar galoppare un rinoceronte in pieno centro. Ho semplicemente detto di non aver pensato al pericolo. Non mi sono posto il problema, ecco tutto!

JEAN Ma non pensa mai a niente, lei?

BERENGER Va bene, d'accordo. Un rinoceronte in libertà è pericoloso.

JEAN Non dovrebbe nemmeno esistere!

BERENGER D'accordo, non dovrebbe esistere. Anzi, è un fatto pazzesco. Bene. Ma non c'è nessuna ragione perché lei se la prenda con me a causa di quel pachiderma. Che diavolo ci posso fare io se un qualsiasi perissodattilo si diverte a passare per caso davanti a noi... Uno stupido quadrupede, poi, che non val neanche la pena di...! E feroce, per giunta... E che è sparito... che non c'è piú... Non vogliamo mica preoccuparci di un animale che non esiste, le pare? Parliamo d'altro, caro Jean, parliamo d'altro... gli argomenti di conversazione non mancano... (*Sbadiglia e prende in mano il bicchiere*) Alla sua salute!

Sulla battuta, rientrano da destra il filosofo e il vecchio signore. Sempre discorrendo, andranno lentamente a sedersi a uno dei tavoli del bar, abbastanza distanti da Berenger e Jean, sul fondo, verso destra.

JEAN Rimetta quel bicchiere sul tavolo! Non beva! (*Beve un grande sorso di «pastis» e posa il bicchiere a metà vuoto sul tavolo*).

BERENGER (*continua a tenere il bicchiere in mano, ma senza osare di berlo*) Mica voglio lasciarlo al padrone! (*Se lo avvicina alle labbra*).

JEAN Le ho detto di posarlo!

BERENGER E va bene. (*Sta per posare il bicchiere sul tavolo*).

Nello stesso istante passa Daisy, una giovane dattilografa bionda, che attraversa la scena da destra a sinistra.

BERENGER (*alla vista di Daisy, si alza di scatto e con gesto brusco rovescia il bicchiere che cade a terra, dopo aver innaffiato i calzoni di Jean*) Oh, Daisy!

JEAN Attento! Ah, ma com'è sbadato lei!

BERENGER Oh, mi scusi... è Daisy... (*Si nasconde per non essere visto da Daisy*) Non voglio che mi veda in questo stato...

JEAN Lei è incorreggibile, assolutamente incorreggibile! (*Guarda Daisy che esce da sinistra*) Ha paura di quella ragazza?

BERENGER Zitto, zitto.

JEAN Eppure non ha l'aria cattiva!

BERENGER (*ritorna presso Jean, dopo che Daisy è uscita*) Le rinnovo le mie scuse per...

JEAN Ecco. Ecco che cosa significa bere... lei non è piú padrone dei suoi gesti, non ha piú forza nei muscoli, lei è intontito, balordo. Lei si sta scavando la fossa, amico mio, lei si rovina!

BERENGER Le assicuro che l'alcool non mi piace poi tanto. Ma, vede: se non bevo, non va. È come se avessi paura, e allora bevo per non avere paura.

JEAN Paura di che?

BERENGER Be', non saprei dirle. Angosce... è difficile da spiegare. Nella vita, in mezzo alla gente, mi sento a disagio, e allora bevo un bicchiere. Mi calma, capisce, mi distende, mi fa dimenticare.

JEAN Già, e di questo passo lei dimentica anche la piú elementare...

BERENGER Sono anni che mi sento stanco... anni! Faccio un tale sforzo a trascinare in giro la mia carcassa.

JEAN (*diagnostico*) È la tipica nevrastenia dell'alcolizzato. La malinconia cronica del bevitore...

BERENGER ... ho sempre l'impressione che il mio corpo sia di piombo... come se portassi un altro sulle spalle. Non riesco ad aver coscienza di me stesso... non so nemmeno se sono proprio io... Allora, appena bevo un po', tutto il peso sparisce, mi ritrovo e divento io.

JEAN Elucubrazioni, Berenger, elucubrazioni... ma guardi me! Peso piú di lei. Eppure mi sento cosí leggero, leggero, leggero! (*Muove le braccia come se stesse per spiccare il volo*).

Il vecchio signore ed il filosofo avanzano lentamente. Sulla fine della battuta, passano di fianco a Jean e Berenger. Un braccio di Jean urta violentemente il vecchio signore che traballa tra le braccia del filosofo.

FILOSOFO (*continua la discussione*) Un esempio di sillogismo... (*Viene urtato*) ... Oh!

VECCHIO SIGNORE (*a Jean*) Attento!

JEAN (*al vecchio signore*) Scusi.

FILOSOFO (*al vecchio signore*) Ma di che.

VECCHIO SIGNORE (*a Jean*) Ma di che.

Il vecchio signore ed il filosofo vanno a sedersi a un tavolo a destra, dietro Jean e Berenger.

BERENGER (*a Jean*) Accidenti, com'è forte lei!

JEAN Certo. Sono forte, sono forte per diverse ragioni. Prima di tutto, sono forte perché sono forte. Secondariamente, sono forte perché ho della forza morale. Poi mi sento forte perché non sono alcolizzato. Senza offesa, mio caro amico, ma secondo me ciò che le pesa è l'alcool, né piú né meno.

FILOSOFO (*al vecchio signore*) Ecco dunque un sillogismo perfetto. Il gatto ha quattro zampe. Isidoro e Fricot hanno ciascuno quattro zampe. Dunque Isidoro e Fricot sono due gatti.

VECCHIO SIGNORE (*al filosofo*) Anche il mio cane ha quattro zampe.

FILOSOFO (*al vecchio signore*) Allora è un gatto.

BERENGER (*a Jean*) Io, invece, è tanto se mi sento ancora la forza di vivere... forse non ne ho nemmeno piú voglia.

VECCHIO SIGNORE (*al filosofo*) Dunque, secondo la logica, il mio cane sarebbe un gatto.

FILOSOFO (*al vecchio signore*) Secondo la logica, sí. Ma è vero anche il contrario.

BERENGER (*a Jean*) La solitudine mi pesa... ma anche la compagnia mi pesa!

JEAN (*a Berenger*) Ecco, ecco: vede che si contraddice! È la solitudine o la moltitudine che le pesa? Lei si dà delle arie da pensatore e non ha un briciolo di logica.

VECCHIO SIGNORE (*al filosofo*) Però, è bella la Logica!

FILOSOFO (*al vecchio signore*) Sí, ma a condizione di non abusarne.

BERENGER (*a Jean*) Vivere è una cosa anormale.

JEAN Ma niente affatto! È assolutamente normale. La prova? Tutti quanti viviamo.

BERENGER I morti sono piú numerosi dei vivi. E il loro numero cresce sempre. Noi vivi siamo cosí pochi.

JEAN I morti non esistono, sí, è proprio il caso di dirlo! Ah! Ah! (*Risata*). Anche loro le pesano? Come possono pesarle delle cose che non esistono?

BERENGER Certe volte mi domando se sono ancora vivo!

JEAN (*a Berenger*) No, mio caro, lei non è vivo perché non pensa. Pensi e vivrà: *cogito, ergo sum.*

FILOSOFO (*al vecchio signore*) Altro sillogismo. I gatti sono mortali. Ma anche Socrate è mortale. Dunque, Socrate è un gatto.

VECCHIO SIGNORE ... e ha proprio quattro zampe. Verissimo. Ho un gatto che si chiama Socrate.

FILOSOFO Vede...

JEAN (*a Berenger*) In fondo lei non è altro che un commediante e un bugiardo. Dice che la vita non le interessa: però qualcuno le interessa!

BERENGER Chi?

JEAN Quella sua collega d'ufficio che è passata adesso. È innamorato di lei, dica la verità!

VECCHIO SIGNORE (*al filosofo*) Socrate dunque era un gatto.

FILOSOFO La Logica ce l'ha appena dimostrato.

JEAN (*a Berenger*) Non voleva farsi vedere da lei in questo stato pietoso... (*Gesto di diniego di Berenger*). E questo prova che lei non è indifferente a tutto. Ma come può pensare che Daisy sia attratta da un ubriacone?

FILOSOFO (*al vecchio signore*) Torniamo ai gatti.

VECCHIO SIGNORE (*al filosofo*) La seguo.

BERENGER (*a Jean*) In ogni modo, credo che lei abbia già qualcuno che...

JEAN (*a Berenger*) Chi?

BERENGER Dudard. Un altro collega d'ufficio: laureato in legge, giurista, grande carriera in ditta e nel cuore di Daisy: capisce? Come posso competere con lui?

FILOSOFO (*al vecchio signore*) Il gatto Isidoro ha quattro zampe.

VECCHIO SIGNORE (*stupito*) E come lo sa lei?

FILOSOFO È dato per ipotesi.

BERENGER (*a Jean*) ... è simpatico al padrone. Io invece non ho avvenire, non ho titoli di studio, non ho nessuna possibilità!

VECCHIO SIGNORE (*al filosofo*) Ah, per ipotesi!

JEAN (*a Berenger*) E cosí, lei si dà per vinto...

BERENGER (*a Jean*) E che potrei fare?...

FILOSOFO (*al vecchio signore*) Anche Fricot ha quattro zampe. Quante zampe avranno Fricot e Isidoro?

VECCHIO SIGNORE (*al filosofo*) In totale o separatamente?

JEAN (*a Berenger*) La vita è lotta, e non lottare è da vili!

FILOSOFO (*al vecchio signore*) In totale o separatamente, secondo i casi.

BERENGER (*a Jean*) Che vuole, mi sento completamente disarmato!

JEAN E allora si armi, mio caro, si armi!

VECCHIO SIGNORE (*al filosofo, dopo lunga riflessione*) Otto. Otto zampe.

FILOSOFO Vede? La Logica favorisce il calcolo mentale.

VECCHIO SIGNORE Certo, apre tante possibilità...

BERENGER (*a Jean*) E poi, dove trovare le armi adatte?

FILOSOFO (*al vecchio signore*) La Logica non conosce limiti.

JEAN Ma in lei stesso! Nella sua volontà!

BERENGER (*a Jean*) Quali armi?

FILOSOFO (*al vecchio signore*) Stia bene a sentire...

JEAN (*a Berenger*) Le armi della pazienza, della cultura... le armi dell'ingegno! Si sforzi di diventare uno spirito vivo, un uomo brillante. Si tenga aggiornato.

BERENGER (*sbadigliando, a Jean*) Aggiornato? In che modo?

FILOSOFO (*al vecchio signore*) Ora, togliamo due zampe ai gatti. Quante ne resteranno a ciascuno?

VECCHIO SIGNORE È difficile...

BERENGER (*a Jean*) È difficile...

FILOSOFO (*al vecchio signore*) È facilissimo, invece!

VECCHIO SIGNORE (*al filosofo*) Forse sarà facile per lei, ma non per me.

BERENGER (*a Jean*) Forse sarà facile per lei, ma non per me.

FILOSOFO (*al vecchio signore*) Andiamo, un piccolo sforzo mentale... si concentri...

JEAN (*a Berenger*) Andiamo, un piccolo sforzo di volontà... si applichi...

VECCHIO SIGNORE (*al filosofo*) Non ci riesco.

BERENGER (*a Jean*) Non ci riesco assolutamente!

FILOSOFO (*al vecchio signore*) Ah! Devo proprio suggerirle tutto!

JEAN (*a Berenger*) Ah! Devo proprio suggerirle tutto!

FILOSOFO (*al vecchio signore*) Prenda un foglio di carta e faccia il conto. Togliendo sei zampe da due gatti, quante zampe resteranno ad ogni gatto?

VECCHIO SIGNORE Un momento... (*Fa il conto su un foglio di carta che estrae di tasca*).

JEAN Le dirò io che cosa deve fare: si vesta correttamente, si faccia la barba tutti i giorni, si metta una camicia pulita...

BERENGER (*a Jean*) La lavandaia è cosí cara...

JEAN (*a Berenger*) E lei risparmi sugli aperitivi. Questo per quanto riguarda l'aspetto esterno: cappello, cravatta come la mia, un vestito elegante, le scarpe lucide... (*Parlando del vestiario, accenna compiaciuto al cappello, alla cravatta e alle scarpe che indossa*).

VECCHIO SIGNORE (*al filosofo*) Ecco... ci sarebbero molte soluzioni possibili...

FILOSOFO (*al vecchio signore*) Sentiamo.

BERENGER (*a Jean*) E poi, che cosa dovrei fare? Sentiamo...

FILOSOFO (*al vecchio signore*) Mi dica.

BERENGER (*a Jean*) Mi dica.

JEAN (*a Berenger*) Lei è timido, però ha dei doni di natura.

BERENGER (*a Jean*) Doni di natura? Io?

JEAN Certo! Li valorizzi! Bisogna essere aggiornati! Si tenga al corrente dei fatti letterari e culturali del nostro tempo.

VECCHIO SIGNORE (*al filosofo*) Ecco: prima possibilità. Uno dei due gatti può avere quattro zampe e l'altro solo due.

BERENGER Ho cosí poco tempo libero...

FILOSOFO Vede? Lei ha dei doni di natura: bastava valorizzarli.

JEAN Non importa, quel poco tempo che le resta lo faccia fruttare. Non si lasci andare alla deriva.

VECCHIO SIGNORE Purtroppo non ne ho avuto la possibilità. Sono un ex funzionario.

FILOSOFO (*al vecchio signore*) Si trova sempre il tempo per istruirsi.

JEAN (*a Berenger*) Il tempo lo si trova sempre.

BERENGER (*a Jean*) È troppo tardi.

VECCHIO SIGNORE (*al filosofo*) È un po' tardi per me.

JEAN (*a Berenger*) Non è mai troppo tardi!

FILOSOFO (*al vecchio signore*) Non è mai troppo tardi!

JEAN (*a Berenger*) Dopotutto lei fa otto ore di lavoro, come me, come tutti quanti. Ma la domenica... la sera... le tre settimane estive di ferie, non le conta? Con un po' di metodo, bastano.

FILOSOFO (*al vecchio signore*) E le altre soluzioni? Con metodo, però, con metodo...

Il vecchio signore riprende i suoi calcoli.

JEAN (*a Berenger*) Per esempio: invece di bere e rovinarsi il fegato, non sarebbe meglio sentirsi sani e forti anche in ufficio? Senza contare che potrebbe utilizzare il tempo libero in modo piú intelligente.

BERENGER (*a Jean*) Cioè?

JEAN (*a Berenger*) Visiti i musei, legga le riviste letterarie, vada alle conferenze. Tutto questo la distrarrà dall'angoscia, dalla depressione, e le farà bene allo spirito. In quattro settimane lei sarà un uomo colto.

BERENGER Lei ha proprio ragione.

VECCHIO SIGNORE (*al filosofo*) Potrebbe esserci un gatto con cinque zampe...

JEAN (*a Berenger*) Ecco, lo ammette anche lei.

VECCHIO SIGNORE (*al filosofo*) ... e un secondo gatto con una zampa sola. Ma in questo caso, sarebbero ancora gatti?

FILOSOFO (*al vecchio signore*) E perché no?

JEAN (*a Berenger*) Invece di sprecare i soldi che guadagna in bevande alcoliche, non sarebbe meglio investirli in posti a teatro e assistere a spettacoli interessanti? Per esempio: conosce lei il Teatro d'Avanguardia di cui si discute tanto? Ha visto le commedie di Ionesco?

BERENGER (*a Jean*) Purtroppo no. Ma ne ho sentito parlare.

VECCHIO SIGNORE (*al filosofo*) Togliendo a due gatti due zampe su otto...

JEAN (*a Berenger*) Ne dànno una proprio in questi giorni. Ne approfitti!

VECCHIO SIGNORE ... potremmo avere un primo gatto a sei zampe...

JEAN È un'ottima occasione per prendere contatto con la vita artistica del nostro tempo.

VECCHIO SIGNORE (*al filosofo*) ... e un secondo gatto senza zampe.

BERENGER Sí, lei ha ragione, tutte le ragioni. Voglio « aggiornarmi », come dice lei.

FILOSOFO (*al vecchio signore*) In tal caso avremmo un gatto privilegiato.

BERENGER Glielo prometto.

JEAN Lo prometta a se stesso, prima di tutto.

VECCHIO SIGNORE E un gatto senza zampe, declassato?

BERENGER Sí, me lo prometto solennemente. E manterrò la parola con me stesso.

FILOSOFO Sarebbe ingiusto. Quindi non sarebbe logico.

BERENGER (*a Jean*) Invece di continuare a bere, ho deciso di istruirmi. Sul serio: mi sento già meglio, ho le idee piú chiare.

JEAN Eh? Cosa le dicevo...

VECCHIO SIGNORE (*al filosofo*) Perché non sarebbe logico?

BERENGER Oggi stesso andrò a visitare il museo civico. E questa sera prendo due posti a teatro. Vuol venire con me?

FILOSOFO (*al vecchio signore*) Perché la Giustizia è la Logica stessa.

JEAN (*a Berenger*) Sí, ma dovrà perseverare... la volontà non dev'essere un fuoco di paglia.

VECCHIO SIGNORE (*al filosofo*) Adesso capisco. La Giustizia...

BERENGER (*a Jean*) Promesso. A lei e a me. Allora, viene con me al museo, oggi pomeriggio?

JEAN (*a Berenger*) Mi spiace. Oggi mi riposo, fa parte del mio programma.

VECCHIO SIGNORE (*al filosofo*) La Giustizia è un altro aspetto della Logica.

BERENGER (*a Jean*) Be', allora verrà con me questa sera a teatro.

JEAN No, questa sera no.

FILOSOFO (*al vecchio signore*) Vedo che la mia mente s'illumina.

JEAN (*a Berenger*) Mi auguro che continui a seguire questi buoni propositi. Ma stasera, purtroppo, devo vedere alcuni amici in trattoria e...

BERENGER (*interrompendo*) In... trattoria?

VECCHIO SIGNORE (*al filosofo*) D'altra parte, un gatto completamente privo di zampe...

JEAN (*a Berenger*) Sí. Ho promesso di andarci, e siccome mantengo sempre le promesse...

VECCHIO SIGNORE (*al filosofo*) ... non potrebbe correre abbastanza in fretta per acchiappare i topi.

BERENGER (*a Jean*) E cosí, tocca a lei dare il cattivo esempio stavolta! Chissà che sbornia!

FILOSOFO (*al vecchio signore*) Noto con piacere che lei fa dei progressi nel campo della Logica.

Si sentono di nuovo, in rapido aumento, i rumori di prima. Galoppo, un barrito, soffio affannoso e scalpiccio degli zoccoli di un rinoceronte. Ora provengono dal senso opposto: dal fondo della scena verso il proscenio, dietro le quinte di sinistra.

JEAN (*seccato, a Berenger*) Piano, piano: la mia è l'eccezione che conferma la regola. Non è la stessa cosa. Per lei... voglio dire, per lei è diverso!

BERENGER (*a Jean*) E perché per me è diverso?

JEAN (*ad alta voce, sovrastando i rumori che provengono dal negozio*) Non sono un alcolizzato, io!

FILOSOFO (*al vecchio signore*) Eppure, anche senza zampe, il gatto deve acchiappare lo stesso i topi. È nella sua natura.

BERENGER (*gridando*) Non dico che lei sia un alcolizzato.

Ma perché, nelle stesse condizioni, dovrei esserlo piú di lei?

VECCHIO SIGNORE (*gridando, al filosofo*) Che cos'è nella natura del gatto?

JEAN (*a Berenger, gridando*) Eh, no, è una questione di equilibrio! Contrariamente a lei, sono un uomo equilibrato, io!

FILOSOFO (*al vecchio signore. Gli grida all'orecchio come in un cornetto acustico*) Che cosa dice?

I forti rumori coprono le battute dei quattro personaggi.

BERENGER (*grida all'orecchio di Jean*) Contrariamente a che? Che cosa ha detto?

JEAN (*gridando*) Dico che...

VECCHIO SIGNORE (*gridando*) Dico che...

JEAN (*si accorge improvvisamente del fracasso*) Ma che succede?

FILOSOFO Ma che cos'è?

Jean si alza di colpo, rovescia la sedia e fissa lo sguardo alla quinta di sinistra donde provengono i rumori del rinoceronte che corre.

JEAN Oh, un rinoceronte!

FILOSOFO (*si alza di scatto e fa cadere la sedia*) Oh, un rinoceronte!

VECCHIO SIGNORE (*c. s.*) Oh, un rinoceronte!

BERENGER (*sempre seduto, ma meno intontito*) Rinoceronte! In direzione opposta!

CAMERIERA (*esce dal caffè con un vassoio e dei bicchieri*) Che cos'è? Oh, un rinoceronte! (*Lascia cadere il vassoio. I bicchieri vanno in pezzi*).

PADRONE (*esce dal locale*) Che cos'è?

CAMERIERA (*al padrone*) Un rinoceronte!

FILOSOFO Un rinoceronte a gran carriera sul marciapiede di fronte!

DROGHIERE (*esce dal negozio*) Oh, un rinoceronte!

DROGHIERA (*si affaccia alla finestra sopra il negozio*) Oh, un rinoceronte!

PADRONE (*alla cameriera*) Non è una buona ragione per rompere i bicchieri!

JEAN Galoppa a testa bassa, sfiora le vetrine...

DAISY (*entra da destra*) Oh, un rinoceronte!

BERENGER (*vedendola*) Oh, Daisy!

Passi precipitosi di gente in fuga. Degli « Ah! » e degli « Oh! » come nella scena precedente.

CAMERIERA Ah, questa poi!

PADRONE (*alla cameriera*) I bicchieri te li faccio pagare!

Berenger cerca di nascondersi per non essere visto da Daisy. Il vecchio signore, il filosofo e il droghiere si dirigono verso il centro della scena ripetendo meccanicamente.

TUTTI Ah, questa poi!

JEAN e BERENGER Ah, questa poi!

Si sente un miagolio straziante, seguito da un grido femminile di terrore.

TUTTI Oh!

Sul « Oh! », mentre i rumori si allontanano, entra la casalinga, senza la borsa della spesa. Tiene tra le braccia il cadavere del gatto sanguinante.

CASALINGA (*gemendo*) Mi ha schiacciato il gatto! Mi ha schiacciato il gatto!

CAMERIERA Le ha schiacciato il gatto!

Il droghiere e la droghiera – dalla finestra –, il vecchio signore e Daisy, si fanno intorno alla casalinga, ripetendo.

TUTTI Ah, che brutta fine, povera bestia!
VECCHIO SIGNORE Povero micio!
DAISY e CAMERIERA Povero micio!

Il droghiere e la droghiera – dalla finestra –, il vecchio signore e il filosofo ripetono: « Povero micio! »

PADRONE (*alla cameriera, indicando i bicchieri rotti e le sedie rovesciate*) Be', che fai? Tira su questa roba!

A loro volta Jean e Berenger si avvicinano alla casalinga che continua a gemere con il cadavere del gatto tra le braccia.

CAMERIERA (*si dirige verso il caffè per raccogliere i cocci e rialzare le sedie rovesciate, sempre fissando il gruppo*) Povero micio!
PADRONE (*fa cenno alla cameriera di eseguire l'ordine*) Su, sbrigati!
VECCHIO SIGNORE (*al droghiere*) Lei che ne dice?
BERENGER (*alla casalinga*) Coraggio, signora, non pianga piú... che pena!
DAISY (*a Berenger*) Oh, signor Berenger: c'era anche lei? Ha visto?
BERENGER (*a Daisy*) Buongiorno, signorina Daisy... ecco, io non ho fatto in tempo a farmi la barba... la prego di scusarmi se...
PADRONE (*segue con lo sguardo la cameriera che riordina, poi guarda verso la casalinga*) Povero micio!
CAMERIERA (*di spalle, raccogliendo i cocci*) Povero micio!

Recitazione serrata. Interventi quasi simultanei.

DROGHIERA (*dalla finestra*) Ma questa volta è una cosa seria!
JEAN Già, questa volta è una cosa seria!

CASALINGA (*geme e coccola il gatto tra le braccia*) Il mio povero micio! Il mio povero micio!

VECCHIO SIGNORE (*alla casalinga*) Cara signora, avrei preferito rivederla in altre circostanze!

FILOSOFO (*alla casalinga*) Eh, che vuole mai, signora: tutti i gatti sono mortali! Bisogna farsi una ragione.

CASALINGA (*gemendo*) Il mio gatto! Il mio gatto! Il mio gatto!

PADRONE (*alla cameriera che ha il grembiale pieno di cocci*) Avanti, gettali via! (*Rialza le sedie*) Mi devi mille franchi!

CAMERIERA (*rientra nel caffè. Al padrone*) Pensa solo ai soldi, lei!

DROGHIERA (*dalla finestra, alla casalinga*) Coraggio, cara signora, si calmi...

VECCHIO SIGNORE (*alla casalinga*) Sí, signora: si calmi...

DROGHIERA (*dalla finestra*) Però, fa proprio pena a pensarci!

CASALINGA Il mio gatto! Il mio gatto! Il mio gatto!

DAISY Eh, certo: fa proprio pena!

VECCHIO SIGNORE (*sostiene la casalinga e con dolce pressione la dirige verso un tavolino del caffè, seguito da tutti*) Ecco, cosí: si segga un momento, signora.

JEAN (*al vecchio signore*) Mah... che ne dice, lei?

DROGHIERE (*al filosofo*) Mah... che ne dice, lei?

DROGHIERA (*dalla finestra, a Daisy*) Mah... che ne dice, lei?

PADRONE (*alla cameriera, sulla porta del caffè*) Un bicchier d'acqua per la signora!

Frattanto gli altri aiutano la casalinga a prender posto al tavolino. Essa continua a lamentarsi e a piangere.

VECCHIO SIGNORE (*alla casalinga*) Coraggio, si segga, cara signora!

JEAN Povera donna!

DROGHIERA (*dalla finestra*) Povera bestia!

BERENGER (*alla cameriera*) Le porti un cognac, piuttosto!

PADRONE (*alla cameriera*) Un cognac! (*Indica Berenger*) È il signore che offre!

La cameriera entra nel caffè ripetendo: « Subito: un cognac! »

CASALINGA (*singhiozza*) No... non lo voglio, non lo voglio!

DROGHIERE Era già passato poco fa davanti al mio negozio!

JEAN (*al droghiere*) Ma questo è un altro.

DROGHIERE (*a Jean*) Pure...

DROGHIERA Sí, sí: è lo stesso di prima!

DAISY Come? È la seconda volta che passa?

PADRONE Per me, era quello di prima.

JEAN No, permetta: non è lo stesso rinoceronte! Quello di prima aveva due corna sul muso – era un rinoceronte asiatico – invece questo qui aveva un solo corno, era un rinoceronte africano.

Appare la cameriera con il cognac per la casalinga.

VECCHIO SIGNORE Eccole un po' di cognac... la tirerà su...

CASALINGA (*in lacrime*) Nooo...

BERENGER (*d'improvviso, seccato. A Jean*) Ma non dica sciocchezze! Come ha fatto a vedere le corna? Il pachiderma è passato cosí in fretta che lo abbiamo appena intravisto e...

DAISY (*alla casalinga*) Ma sí, signora: le farà bene...

VECCHIO SIGNORE (*a Berenger*) Effettivamente correva molto in fretta...

PADRONE (*alla casalinga*) Lo assaggi, almeno... è di marca!

BERENGER (*a Jean*) ... e non ha certo avuto il tempo di contare le corna...

DROGHIERA (*dalla finestra, alla cameriera*) Glielo faccia bere... insista.

BERENGER (*a Jean*) ...per di piú, in mezzo a quel polverone...

DAISY (*alla casalinga*) Lo beva, signora...

VECCHIO SIGNORE (*alla casalinga*) ... solo un sorsino, cara signora... su, coraggio...

La cameriera aiuta la casalinga a bere il cognac portandole il bicchiere alle labbra. Questa fa mimica di rifiuto, poi lo beve.

CAMERIERA Ecco fatto!

DROGHIERA (*dalla finestra*) Ecco fatto!

DAISY Ecco fatto!

JEAN (*a Berenger*) Io non sono intontito come lei... ho i riflessi pronti, calcolo rapidamente, ho una prontezza...

VECCHIO SIGNORE Va meglio, signora?

BERENGER (*a Jean*) Ma mi faccia il piacere! Correva a testa bassa...

PADRONE (*alla casalinga*) Vero che è buono, signora?

JEAN (*a Berenger*) Appunto, il corno si vedeva meglio.

CASALINGA (*dopo aver bevuto*) Il mio gatto!

BERENGER (*irritato, a Jean*) Sciocchezze! Sciocchezze!

DROGHIERA (*dalla finestra, alla casalinga*) Glielo darò io un altro gatto.

JEAN (*a Berenger*) Come? Lei osa affermare che dico delle sciocchezze?

CASALINGA (*alla droghiera*) No! Non ne voglio un altro! (*Singhiozza e culla il gattino tra le braccia*).

BERENGER (*a Jean*) Precisamente: delle sciocchezze!

PADRONE (*alla casalinga*) Bisogna farsi una ragione!

JEAN (*a Berenger*) Per sua norma, io non dico mai sciocchezze!

VECCHIO SIGNORE (*alla casalinga*) Un po' di filosofia!

BERENGER (*a Jean*) Lei non è altro che un arrogante! (*Ad alta voce*) Un pedante!

PADRONE (*a Jean e Berenger*) Signori... signori...

BERENGER (*c. s.*) ... sí, un pedante che non è nemmeno sicuro delle sue cognizioni zoologiche... già, perché, tanto per cominciare, è il rinoceronte asiatico che ha un solo corno, mentre invece quello africano ne ha due!

Gli altri personaggi si scostano dalla casalinga per avvicinarsi a Jean e Berenger che discutono ad alta voce.

JEAN (*a Berenger*) Lei si sbaglia, è il contrario!
CASALINGA Era cosí carino!
BERENGER Vogliamo scommettere?
CAMERIERA Vogliono scommettere.
DAISY (*a Berenger*) Non s'arrabbi, signor Berenger.
JEAN (*a Berenger*) Non scommetto con un simile individuo! Le due corna è lei che le ha! Maledetto asiatico!
CAMERIERA Oh!
DROGHIERA (*dalla finestra, al marito*) Ora se le dànno!
DROGHIERE (*alla moglie*) Ma no, è una scommessa!
PADRONE (*a Jean e Berenger*) Niente scene nel mio locale!
VECCHIO SIGNORE Vediamo un po'... che specie di rinoceronte ha un solo corno sul muso? (*Al droghiere*) Lei, lei che fa il commerciante dovrebbe saperlo!
DROGHIERA (*dalla finestra, al marito*) Sí, dovresti proprio saperlo!
BERENGER (*a Jean*) Non ho mai avuto le corna! E non le avrò mai!
DROGHIERE (*al vecchio signore*) I commercianti non possono sapere tutto!
JEAN (*a Berenger*) E io le dico di sí!
BERENGER (*a Jean*) E non sono asiatico. A parte poi che gli asiatici sono gente come tutti gli altri...
CAMERIERA Sí, sí; gli asiatici sono uomini come noi...
VECCHIO SIGNORE (*al padrone*) Piú che giusto!
PADRONE (*alla cameriera*) Nessuno le ha chiesto il suo parere!
DAISY (*al padrone*) Ma ha ragione. Sono uomini come noi.
CASALINGA (*durante queste battute, continua a gemere. Tra sé*) Era cosí caro, era come noi...

JEAN (*fuori di sé*) Sono gialli!

Il filosofo un po' discosto, tra la casalinga ed il gruppo che si è formato intorno a Jean e Berenger, segue attento la discussione ma senza parteciparvi.

JEAN Arrivederci, signori! (*A Berenger*) Quanto a lei, le tolgo il saluto!
CASALINGA (*c. s.*) Era affezionatissimo a noi, davvero... (*Singhiozza*).
DAISY Andiamo signor Berenger... e lei, signor Jean...
VECCHIO SIGNORE Io ho avuto degli amici asiatici... no, forse non erano proprio dei veri asiatici, però...
PADRONE Io invece ho conosciuto dei veri asiatici!
CAMERIERA (*alla droghiera*) Io ho avuto un amico asiatico.
CASALINGA (*c. s.*) L'avevo preso da piccolo!
JEAN (*sempre fuori di sé*) Sono gialli! Gialli! Giallissimi!
BERENGER (*a Jean*) E lei invece è paonazzo!
DROGHIERA (*dalla finestra*) Oh!
CAMERIERA Oh!
PADRONE Qui finisce male!
CASALINGA Era cosí ben educato... sporcava sempre nella sua cassettina...
JEAN (*a Berenger*) Se la prende su questo tono, non mi rivedrà mai piú! Sono stufo di perder tempo con un imbecille come lei!
CASALINGA (*c. s.*) ... e riusciva a farsi capire!

Jean esce bruscamente da destra, infuriato. Prima di uscire si gira ancora, di scatto.

VECCHIO SIGNORE (*al droghiere*) ... però ci sono anche degli asiatici bianchi, neri, turchini e altri come noi.
JEAN (*a Berenger*) Ubriacone!

Tutti lo fissano costernati.

BERENGER (*a Jean*) Non le permetto, sa!

TUTTI (*rivolti a Jean*) Oh!

CASALINGA Non gli mancava che la parola. Ma nemmeno!

DAISY (*a Berenger*) Non doveva farlo arrabbiare.

BERENGER (*a Daisy*) Mi creda, non è colpa mia...

PADRONE (*alla cameriera*) Avanti, va' a cercare una cassetta per sotterrare questa povera bestia!

VECCHIO SIGNORE (*a Berenger*) Sí, credo proprio che abbia ragione lei. Il rinoceronte d'Asia ha due corna, mentre il rinoceronte d'Africa ha un corno solo.

DROGHIERE Ma veramente il signore sosteneva il contrario.

DAISY (*a Berenger*) Sbagliavate tutti e due!

VECCHIO SIGNORE (*a Berenger*) Lei non s'era sbagliato.

CAMERIERA (*alla casalinga*) Venga, signora: mettiamolo nella cassetta...

CASALINGA (*singhiozzi strazianti*) Mai! Mai!

DROGHIERE Chiedo scusa, io credo proprio che abbia ragione il signor Jean.

DAISY (*alla casalinga*) Andiamo, signora, non la prenda cosí.

Daisy e la cameriera sospingono la casalinga (che ha sempre il gatto tra le braccia) verso il caffè.

VECCHIO SIGNORE (*a Daisy e alla cameriera*) Vuole che l'accompagni?

DROGHIERE Dunque: il rinoceronte d'Asia ha un solo corno, invece quello d'Africa ne ha due. E viceversa.

DAISY (*al vecchio signore*) Grazie, non è il caso.

Daisy e la cameriera entrano nel caffè sospingendo la casalinga sempre in lacrime.

DROGHIERA (*dalla finestra, al marito*) Oh, tu hai sempre delle idee diverse dagli altri.

BERENGER (*tra sé, mentre gli altri continuano a discutere sul rinoceronte*) Daisy ha ragione: non avrei dovuto contraddirlo.

PADRONE (*alla droghiera*) Suo marito ha ragione: il rinoceronte d'Asia ha due corna, mentre quello d'Africa dovrebbe averne due. E viceversa.

BERENGER (*tra sé*) Non tollera di venir contraddetto. La minima obiezione lo fa andare in bestia.

VECCHIO SIGNORE (*al padrone*) Lei è in errore, amico mio.

PADRONE (*al vecchio signore*) Scusi se insisto, ma...

BERENGER (*c. s.*) La collera è il suo unico difetto.

DROGHIERA (*dalla finestra, al vecchio signore e al marito*) Magari sono tutti e due uguali.

BERENGER (*c. s.*) In fondo ha un cuore d'oro e mi ha aiutato un sacco di volte.

PADRONE (*alla droghiera*) Se uno ne ha due, l'altro non può averne che uno solo.

BERENGER (*c. s.*) Mi spiace di non esser stato piú arrendevole. Ma perché intestarsi cosí? Non volevo mica farlo uscire dai gangheri. (*Agli altri*) Sostiene sempre delle cose inverosimili! Vuole sempre sbalordire tutti quanti con la sua cultura. E non ammette mai di sbagliarsi.

VECCHIO SIGNORE (*a Berenger*) Ha delle prove?

BERENGER Prove? Che prove?

VECCHIO SIGNORE Be', di quello che sosteneva poco fa e che ha suscitato la spiacevole lite con il suo amico.

DROGHIERE (*a Berenger*) Già, che prove ha?

VECCHIO SIGNORE (*a Berenger*) Come fa a sapere che uno dei rinoceronti ha due corna e l'altro un corno solo? E poi, quale dei due?

DROGHIERA Uhm... ne sa quanto noi.

BERENGER Momento, distinguiamo. Prima di tutto non si sa se erano due. Anzi, io continuo a dire che c'era un solo rinoceronte.

PADRONE Ma supponiamo che ce ne fossero due. Qual è quello unicorne, il rinoceronte asiatico?

VECCHIO SIGNORE No, no! È quello africano che è bicorne. Almeno, credo.

PADRONE Qual è bicorne?

DROGHIERE Non è quello africano.

DROGHIERA Eh, non è facile mettersi d'accordo.

VECCHIO SIGNORE A questo punto bisogna chiarire il problema.

FILOSOFO (*esce dall'incognito*) Mi scusino, signori. Se mi è concesso di intervenire, vorrei precisare che il problema è un altro. Ma, prima di tutto, permettetemi di presentarmi...

CASALINGA (*in lacrime*) È un filosofo!

PADRONE Oh, un filosofo!

VECCHIO SIGNORE (*presenta il filosofo a Berenger*) Il mio amico filosofo.

BERENGER Onoratissimo.

FILOSOFO (*prosegue*) Faccio il filosofo di professione: ecco qui la mia carta d'identità. (*Esibisce il documento*).

BERENGER Onoratissimo.

DROGHIERE Signore, siamo tutti molto onorati.

PADRONE Ci vuol dire allora, signor filosofo, se il rinoceronte africano è unicorne...

VECCHIO SIGNORE ... o bicorne.

DROGHIERA E se il rinoceronte asiatico è bicorne.

DROGHIERE O invece unicorne.

FILOSOFO Ecco, appunto: il problema è un altro. È ciò che mi premeva di rilevare.

DROGHIERE Ma era proprio quello che ci interessava.

FILOSOFO Se mi lasciate parlare, signori...

VECCHIO SIGNORE Sí, lasciatelo parlare!

DROGHIERA (*dalla finestra, al marito*) E lascialo parlare!

PADRONE L'ascoltiamo, signore.

FILOSOFO (*a Berenger*) Mi rivolgo a lei in particolare. E, naturalmente, anche agli altri.

DROGHIERE Anche a noi...

FILOSOFO Vedete, la discussione all'inizio era imperniata su un fatto importante, che poi, vostro malgrado, avete trascurato. Vi chiedevate all'inizio se il rinoceronte passato poco fa era lo stesso di prima, oppure un altro. Ebbene, è proprio su questo dato di fatto che dobbiamo basarci.

BERENGER In che modo?

FILOSOFO Ecco: per cominciare, potreste aver visto due volte di seguito lo stesso rinoceronte con un solo corno...

DROGHIERE (*ripete per meglio afferrare*) ... due volte di seguito lo stesso rinoceronte.

PADRONE (*come il droghiere*) ... con un solo corno.

FILOSOFO (*continuando*) ... o potreste invece aver visto due volte di seguito lo stesso rinoceronte con due corna.

VECCHIO SIGNORE (*ripete*) ... stesso rinoceronte con due corna, due volte di seguito.

FILOSOFO Esatto. Ancora: potreste aver visto un primo rinoceronte con un solo corno, poi un secondo che aveva anche lui un solo corno.

DROGHIERA (*dalla finestra*) Ah! ah!

FILOSOFO O infine, un primo rinoceronte con due corna, poi un altro rinoceronte con due corna.

PADRONE Esatto.

FILOSOFO Ora: se aveste visto...

DROGHIERE Se avessimo visto...

VECCHIO SIGNORE Sí, se avessimo visto...

FILOSOFO Se aveste visto la prima volta un rinoceronte con due corna...

PADRONE ... con due corna...

FILOSOFO ... e la seconda volta un rinoceronte con un corno...

DROGHIERE ... con un corno...

FILOSOFO ... questo non sarebbe ancora un fatto probante.

PADRONE E perché?

DROGHIERA Aaah! Non ci capisco piú niente!

DROGHIERE Lo sappiamo, lo sappiamo.

La droghiera alza le spalle e rientra.

FILOSOFO In realtà, signori... in realtà può darsi benissimo che, dopo il primo passaggio, il rinoceronte bicorne abbia perduto un corno, e quindi che quello di dopo sia quello di prima.

BERENGER Capisco, ma...

VECCHIO SIGNORE (*interrompe Berenger*) Non interrompa, prego.

FILOSOFO Oppure è possibile che due rinoceronti bicorni abbiano perduto entrambi uno dei loro corni.

VECCHIO SIGNORE È possibile.

PADRONE Ma certo che è possibile!

DROGHIERE E perché no?

BERENGER Sí, però...

VECCHIO SIGNORE (*interrompe Berenger*) Non interrompa, prego.

FILOSOFO Se riuscite a dimostrare di aver visto la prima volta un rinoceronte a un corno, asiatico o africano, poco importa...

VECCHIO SIGNORE (*ripete*) Asiatico o africano...

FILOSOFO ... e la seconda volta un rinoceronte a due corna...

VECCHIO SIGNORE ... a due corna...

FILOSOFO ... africano o asiatico, poco importa...

DROGHIERE ... africano o asiatico...

FILOSOFO (*prosegue la dimostrazione*) ... a questo punto potremmo concludere che abbiamo a che fare con due distinti rinoceronti, perché è molto improbabile che un secondo corno abbia potuto spuntare in modo visibile sul muso di un rinoceronte in pochi minuti.

VECCHIO SIGNORE Già, è improbabile.

FILOSOFO (*felice del suo ragionamento*) Questo trasformerebbe un rinoceronte asiatico o africano...

VECCHIO SIGNORE ... asiatico o africano...

FILOSOFO ... in un rinoceronte africano o asiatico.

PADRONE ... africano o asiatico...

DROGHIERE Giusto, giusto!

FILOSOFO Ora, in termini di stretta logica, ciò non è possibile, perché una stessa creatura non può essere nata contemporaneamente in due luoghi diversi.

VECCHIO SIGNORE ... e neppure in un secondo tempo.

FILOSOFO (*al vecchio signore*) Be', questo è ancora da dimostrare.

BERENGER Sí, è chiaro, ma non risolve la faccenda.

FILOSOFO (*a Berenger, con un sorriso da esperto*) Ma è evidente, caro signore: però adesso il problema può dirsi impostato in modo esatto.

VECCHIO SIGNORE Perfettamente logico.

FILOSOFO (*saluta con il cappello*) A rivederci, signori. (*Si volta ed esce a sinistra, seguito dal vecchio signore*).

VECCHIO SIGNORE A rivederci, signori. (*Saluta con il cappello ed esce dietro al filosofo*).

DROGHIERE Mah... forse sarà logico...

Nello stesso momento esce dal caffè la casalinga in lutto stretto. Tiene in mano la cassettina. È seguita da Daisy e dalla cameriera, in fila, come per un funerale. Il corteo si dirige verso l'uscita, a destra.

DROGHIERE ... forse sarà logico, però, come possiamo permettere che i nostri gatti vengano schiacciati sotto i nostri occhi da rinoceronti con un corno, o due corni, asiatici o africani? (*Indica con un gesto teatrale il corteo che sta uscendo*).

PADRONE Ha ragione! È vero! Non possiamo permettere che i nostri gatti siano schiacciati da rinoceronti o da qualsiasi altro animale!

DROGHIERE No! Non possiamo permetterlo!

DROGHIERA (*si affaccia alla porta del negozio. Al marito*) Su, entra! I clienti stanno per arrivare!

DROGHIERE (*va verso il negozio*) No, non possiamo permetterlo!

BERENGER (*tra sé*) Non avrei dovuto litigare con Jean! (*Al padrone*) Mi porti un cognac. Doppio!

PADRONE Sí, subito. (*Entra nel caffè per prendere il cognac*).

BERENGER (*c. s.*) Non avrei dovuto, non avrei dovuto perdere la pazienza! (*Riappare il padrone con il doppio cognac*). Ah... mi sento troppo agitato adesso per andare al museo. Vuol dire che mi istruirò un'altra volta... (*Prende il cognac e lo beve di un fiato*).

Sipario.

ATTO SECONDO

Ufficio di un organismo statale o di una ditta privata: un'importante casa di edizioni legali, per esempio. Al centro, sul fondo, una grande porta a due battenti, sovrastata da un cartello: CAPO UFFICIO. *A sinistra, sul fondo, presso la porta del capufficio, il tavolino di Daisy con la macchina da scrivere. Appoggiato al muro di sinistra, tra la porta che dà sulla scala e il tavolino di Daisy, un secondo tavolo sul quale di solito vi sono i cosiddetti «fogli di presenza» che gli impiegati devono firmare arrivando in ufficio. Poi, a sinistra, sempre in primo piano, la porta che dà sulla scala. Si vedono gli ultimi scalini, la parte terminale della ringhiera ed il pianerottolo. In primo piano, un tavolo con due sedie. Sul tavolo, bozze di stampa, calamaio e portapenne: è il tavolo di lavoro di Botard e Berenger. Questi occupa la sedia sinistra, mentre Botard occupa la sedia destra. A destra, vicino alla parete, un altro tavolo, piú grande, rettangolare, anch'esso ingombro di fogli, bozze di stampa, ecc., e due sedie (piú belle e «imponenti») l'una di fronte all'altra. È il tavolo di lavoro di Dudard e del signor Bœuf. Dudard occupa la sedia contro la parete, in modo da avere gli impiegati di fronte. Svolge la mansione di vicecapufficio. Tra la porta di fondo e la parete di destra, c'è una finestra. Nel caso che il teatro disponesse di una fossa d'orchestra, sarebbe meglio piazzare il semplice riquadro di una finestra in primissimo piano, di fronte al pubblico. Sul fondo, nell'angolo di destra, un attaccapanni sul quale sono appesi camici grigi e*

vecchie giacche. L'attaccapanni potrebbe eventualmente essere piazzato verso il proscenio, vicino alla parete di destra.
Contro le pareti, scaffali di libri e pratiche polverose. Sul fondo, a sinistra, sopra gli scaffali, alcuni cartelli: GIURISPRUDENZA, CODICI. Sulla parete destra, lievemente obliqua, altri cartelli: GAZZETTA UFFICIALE, LEGGI FISCALI. Sopra la porta del capufficio, un orologio che segna le nove e tre minuti. All'alzarsi del sipario, Dudard è in piedi presso la sua sedia, profilo destro verso il pubblico; dall'altra parte del tavolo, profilo sinistro verso il pubblico, sta Botard. In mezzo a loro, anch'egli vicino al tavolo, sta il capufficio, di faccia al pubblico. Subito dietro di lui, verso sinistra, vediamo Daisy che tiene in mano alcuni fogli dattiloscritti. Sul tavolo intorno al quale stanno i tre personaggi vi sono delle bozze di stampa e un grande quotidiano spiegato.
All'alzarsi del sipario – per alcuni istanti – i personaggi rimangono immobili nella posizione in cui verrà recitata la prima battuta, formando un «quadro vivente». La stessa immobilità l'avremo già osservata all'inizio del primo atto.
Il capufficio: sulla cinquantina, vestito con cura, completo blu scuro, nastrino rosso della Legion d'onore all'occhiello, colletto duro, cravatta nera, grossi baffi neri. È il signor Papillon.
Dudard: trentacinquenne. Completo grigio, mezze maniche di lustrino nero per proteggere la giacca. Può portare gli occhiali. Statura alta, genere impiegato (quadro) che fa carriera. Se il capufficio diventasse vicedirettore, sarebbe senz'altro lui che passerebbe al suo posto. È antipatico a Botard.
Botard: maestro in pensione. Viso orgoglioso, baffetti bianchi. Ha una sessantina d'anni ma li porta bene. È il tipo che sa tutto e ha capito tutto. Porta un basco in testa, indossa un lungo camice da lavoro, occhiali, naso pronunciato, matita all'orecchio e mezze maniche di lustrino.

Daisy: giovane e bionda.
In seguito: la signora Bœuf: dai quaranta ai cinquant'anni, grassa e sfiatata.

SCENA PRIMA

All'alzarsi del sipario, i personaggi, come si è detto, stanno immobili intorno al tavolo di destra. Il capufficio ha un indice teso verso il giornale. Dudard fa mimica con il braccio a Botard come se gli dicesse: «Ecco, vede anche lei!» Botard, mani in tasca, sorriso incredulo, ha l'aria di dire: «A me non me la fanno». Daisy, con i fogli dattiloscritti in mano, sembra approvare con lo sguardo Dudard. Dopo qualche istante, Botard comincia a parlare.

BOTARD Storie! Storie che non stanno né in cielo né in terra!

DAISY Ma se le dico che l'ho visto, l'ho visto coi miei occhi, il rinoceronte!

DUDARD E poi, c'è anche scritto sul giornale, qui, chiaro come il sole, non può negarlo.

BOTARD (*con tono di profondo disprezzo*) Pff!

DUDARD Se le dico che c'è scritto, è perché c'è scritto: ecco, guardi qui, nella rubrica «Incidenti ai gatti»! Lo legga lei, signor capufficio!

IL SIGNOR PAPILLON (*legge*) «Ieri, domenica, nella nostra città, in piazza della Chiesa, all'ora dell'aperitivo, un gatto è rimasto schiacciato sotto le zampe di un pachiderma».

DAISY Be', non è proprio successo in piazza della Chiesa.

PAPILLON Tutto qui: non ci sono altri particolari.

BOTARD Pff!

DUDARD È piú che sufficiente, è chiarissimo.

BOTARD Storie! Io non credo a quello che scrivono i giornalisti. Sono tutti una manica di bugiardi... e non lo affermo per sentito dire! Perciò credo soltanto a quello che vedo con i miei occhi. Inoltre, quale maestro pensionato, amo le cose esatte, scientificamente dimostrate, perché mi vanto di avere uno spirito metodico, preciso!

DUDARD Ma che diavolo c'entra lo spirito metodico?

DAISY (*a Botard*) A me pare, signor Botard, che la notizia sia molto precisa.

BOTARD Lei la chiama precisione quella? Ma andiamo! Intanto: di che genere di pachiderma si tratta? E poi, che cosa intende questo redattore della rubrica degli incidenti ai gatti, quando parla di un pachiderma? Non lo spiega. E che cosa intende per gatto?

DUDARD Ma tutti sanno che cos'è un gatto.

BOTARD Già, ma si tratta di un gatto o di una gatta? E di che colore? Di che razza? Con questo vi prego di credere che non sono razzista, anzi, sono antirazzista.

PAPILLON Ma signor Botard, non si tratta di questo: che c'entra qui il razzismo?

BOTARD Signor capufficio, voglia scusarmi. Lei non può negare che il razzismo sia uno dei piú grandi flagelli del nostro secolo.

DUDARD Sí, certo, siamo tutti d'accordo, ma qui non si tratta di...

BOTARD Signor Dudard, non è un argomento da prendersi alla leggera. Recenti fatti storici ci hanno purtroppo dimostrato quanto il razzismo...

DUDARD Torno a dirle che non si tratta di questo.

BOTARD Nondimeno...

PAPILLON Il razzismo è fuori discussione.

BOTARD Ogni occasione è buona per condannarlo.

DAISY Ma se le abbiamo detto che qui nessuno è razzista! Lei sposta il problema; si tratta semplicemente di un gatto schiacciato da un pachiderma, un rinoceronte, nel caso specifico.

BOTARD Non sono nato nel Mezzogiorno, io. I meridionali hanno troppa fantasia: magari era solo una pulce schiacciata da un topolino. E diventa una montagna.

PAPILLON (*a Dudard*) Calma, cerchiamo di mettere a fuoco la cosa: dunque lei afferma di aver visto con i suoi occhi il rinoceronte passeggiare tranquillamente per le vie del centro.

DAISY Non passeggiava, correva.

DUDARD Sarà: io personalmente non l'ho visto. Però, alcune persone di assoluta fiducia sostengono...

BOTARD (*interrompendo*) ... ecco, lo vede anche lei che sono delle storie; non c'è dubbio, è tutta una montatura dei giornalisti che non sanno piú cosa inventare per vendere la loro cartaccia, per servire i padroni di cui sono soltanto i miserabili lacchè! E lei presta fede a simili invenzioni? Proprio lei, signor Dudard, un giurista, un dottore in legge... Mi permetta di ridere. Ah! Ah! Ah!

DAISY Ma io l'ho visto, l'ho proprio visto, il rinoceronte! Ci metto la mano sul fuoco!

BOTARD Ma mi faccia il santo piacere! La credevo una ragazza seria.

DAISY Signor Botard, le garantisco che non soffro di allucinazioni! E poi non ero sola, c'erano altri vicino a me che stavano a guardare.

BOTARD Pff! Chissà cosa guardavano in quel momento! Perdigiorno, gente che non ha niente da fare, che non lavora, degli sfaccendati!

DUDARD Ma ieri era domenica.

BOTARD E con questo? Io lavoro anche di domenica. Non do retta ai preti che ci mandano in chiesa per impedirci di fare il nostro dovere e di guadagnarci il pane col sudore della fronte!

PAPILLON (*indignato*) Oh!

BOTARD Mi scusi, non volevo offenderla. Se disprezzo le religioni, tuttavia non le disistimo... (*A Daisy*) Prima di tutto: sa dirmi lei cos'è un rinoceronte?

DAISY Be', è un... un enorme bestione orrendo!

BOTARD Ah, cosí! E lei si vanta di avere idee esatte! Il rinoceronte, cara signorina...

PAPILLON Spero che non vorrà tenerci un corso sui rinoceronti. Questa non è una scuola!

BOTARD È un vero peccato!

Durante le ultime battute si vede Berenger che sale con aria circospetta gli ultimi gradini della scala, socchiude con prudenza la porta dell'ufficio che, aprendosi, scopre un cartello: EDIZIONI LEGALI.

PAPILLON (*a Daisy*) Be': sono le nove passate, signorina. Può ritirare il foglio di presenza. E tanto peggio per i ritardatari!

Daisy va verso il tavolo per prendere il foglio di presenza e nello stesso istante entra Berenger.

BERENGER (*entra, mentre gli altri continuano a discutere. A Daisy*) Buongiorno, signorina. Sono in ritardo?

BOTARD (*a Dudard e al signor Papillon*) Io mi batto contro l'ignoranza, ovunque essa si trovi!

DAISY (*a Berenger*) Faccia presto, signor Berenger.

BOTARD ... nei palazzi e nelle catapecchie!

DAISY (*a Berenger*) Presto, firmi il foglio di presenza!

BERENGER Sí, grazie. Il capo è già arrivato?

DAISY (*un dito sulle labbra; a Berenger*) Ssst! È di là!

BERENGER Come? Cosí presto! (*Si precipita a firmare il foglio di presenza*).

BOTARD ... ovunque, vi dico! Anche nelle case editrici!

PAPILLON (*a Botard*) Signor Botard, credo proprio che...

BERENGER (*firmando, a Daisy*) ... eppure non sono ancora le nove e dieci...

PAPILLON (*a Botard*) Mi pare che lei stia passando i limiti della buona educazione.

DUDARD (*a Papillon*) Sono d'accordo con lei, signore.

PAPILLON (*a Botard*) Non mi dirà, spero, che il signor Dudard, mio collaboratore e suo collega, laureato in legge ed ottimo impiegato, è un ignorante?

BOTARD Non arriverò al punto di sostenere una cosa simile. Però, signore, l'Università e le varie facoltà non sono certo all'altezza della Scuola comunale.

PAPILLON (*a Daisy*) Allora, signorina, questo foglio di presenza?

DAISY (*al signor Papillon*) Eccolo. (*Glielo porge*).

PAPILLON (*a Berenger*) Oh, ecco Berenger.

BOTARD (*a Dudard*) Ciò che manca agli universitari sono le idee chiare, lo spirito di osservazione e il senso pratico.

DUDARD (*a Botard*) Ma mi faccia il piacere!

BERENGER (*al signor Papillon*) Buongiorno, signor Papillon. (*Va verso il capufficio che è di spalle, gira intorno al gruppo dei tre personaggi, e si dirige verso il portamantelli. Prende il camice da ufficio, oppure una vecchia giacca, e appende al posto la giacca che indossa. Quindi va verso il suo tavolo, apre il cassetto e ne estrae le mezze maniche di lustrino nero. Saluta*) Buongiorno, signor Papillon! Scusi se ho rischiato di essere in ritardo. Salve, Dudard! 'giorno, signor Botard!

PAPILLON (*a Berenger*) Dica un po', Berenger: li ha visti anche lei i rinoceronti?

BOTARD (*a Dudard*) Gli universitari hanno una mentalità astratta e non sanno niente della vita.

DUDARD (*a Botard*) Sciocchezze!

BERENGER (*continua a riordinare la sua cancelleria con eccesso di zelo, come per giustificare il ritardo. Al signor Papillon, con tono naturale*) Ma certo, si capisce che l'ho visto.

BOTARD (*si volta*) Pff!

DAISY Ecco, vede che non sono pazza!

BOTARD (*ironico*) Oh, il signor Berenger lo dice per galanteria... perché è un tipo galante, lui, anche se non ne ha per niente l'aspetto.

DUDARD Perché? È una galanteria dire di aver visto un rinoceronte?

BOTARD Certo, quando si tratta di sostenere le stravaganti asserzioni della signorina Daisy. Tutti sono galanti con la signorina, è evidente!

PAPILLON Signor Botard, lei adesso è in malafede: il signor Berenger non ha partecipato alla discussione. È appena arrivato.

BERENGER (*a Daisy*) Vero che l'ha visto anche lei? Tutti l'abbiamo visto.

BOTARD Pff! Sí, sí, è possibile che il signor Berenger abbia creduto di vedere un rinoceronte. (*Fa segno, dietro le spalle di Berenger, che egli beve*) Ha una tale fantasia! Per lui, tutto è possibile!

BERENGER Non ero solo quando ho visto il rinoceronte! O, forse, i due rinoceronti.

BOTARD Ah, ecco! Non sa nemmeno quanti ne ha visti!

BERENGER Vicino a me c'era anche il mio amico Jean... e tanta altra gente.

BOTARD (*a Berenger*) Parola d'onore, lei dà i numeri!

DAISY Era un rinoceronte unicorne.

BOTARD Pff! Si sono messi d'accordo tutti e due per prenderci in giro!

DUDARD (*a Daisy*) Io credo invece che avesse due corna; almeno, a quanto ho sentito dire.

BOTARD Be', sarebbe meglio se vi metteste d'accordo.

PAPILLON (*guarda l'ora*) Ora basta, signori, il tempo passa.

BOTARD Ma lei, signor Berenger, ne ha visto uno o due di rinoceronti?

BERENGER Ehm... io, ecco...

BOTARD (*interrompendo*) Che vi dicevo? non lo sa. La signorina Daisy afferma di aver visto un rinoceronte unicorne. Ma il suo rinoceronte, signor Berenger – sempre che si tratti di un rinoceronte –, era unicorne o bicorne?

BERENGER Vede, il problema sta tutto lí.

BOTARD È una storia che puzza.

DAISY Oh!

BOTARD Non voglio offendervi, ma non credo alla vostra storia. Non si sono mai visti dei rinoceronti, da queste parti!

DUDARD Basta una volta sola!

BOTARD Mai visti, ripeto! Tranne che sulle illustrazioni dei libri di testo... Uhm... mi pare proprio che questi rinoceronti siano sbocciati dalla fantasia di qualche donnicciola.

BERENGER L'espressione « sbocciati » riferita a dei rinoceronti mi sembra a dir poco impropria.

DUDARD Giusto!

BOTARD (*continua*) Il vostro rinoceronte è un mito!

DAISY Un mito?

PAPILLON Signori... prego, è ora di mettersi a lavorare.

BOTARD (*a Daisy*) Precisamente: un mito! Come la storia dei dischi volanti!

DUDARD In ogni modo non vorrà negare che c'è stato un gatto schiacciato.

BERENGER Certo, posso testimoniare...

DUDARD (*indica Berenger*) ... e dei testimoni...

BOTARD Bella testimonianza!

PAPILLON Signori... signori!

BOTARD (*a Dudard*) Un fenomeno di psicosi collettiva, caro Dudard: psi-co-si col-let-ti-va! Proprio come la religione, che è l'oppio dei popoli!

DAISY Se lo vuol sapere, io ci credo ai dischi volanti!

BOTARD Pff!

PAPILLON (*burocratico*) Adesso basta, qui si esagera. Avete chiacchierato abbastanza! Rinoceronti o no, dischi volanti o no, è ora di lavorare! La ditta non vi paga lo stipendio per discutere sugli animali veri o immaginari!

BOTARD Ecco, immaginari!

DUDARD Veri!

DAISY Verissimi!

PAPILLON Signori... vi richiamo ancora una volta all'ordine: questo è l'orario di ufficio. Permettetemi di troncare questa sterile discussione e...

BOTARD (*offeso, ironico*) D'accordo, signor Papillon. Lei è il capufficio. Se ce lo ordina, siamo costretti a ubbidire.

PAPILLON Signori, sbrigatevi. Non vorrete mettermi nella spiacevole necessità di applicarvi una multa sullo stipendio. Signor Dudard: a che punto è col commento alla legge sulla repressione antialcolica?

DUDARD Sto correggendolo, signor capufficio.

PAPILLON Benissimo, cerchi di finirlo. È urgente. Quanto a voi, Berenger e Botard, avete finito di correggere le bozze della legislazione sui vini d'origine controllata?

BERENGER Non ancora, signor Papillon. Ma è a buon punto.

PAPILLON Bene. Finite di correggerla insieme: la tipografia l'aspetta. Lei signorina, mi porti le lettere da firmare nel mio ufficio. Le batta subito.

DAISY Sí, signor Papillon. (*Va al suo tavolo e comincia a battere a macchina*).

Dudard siede al tavolo e comincia a scrivere. Berenger e Botard vanno ai loro tavolini (entrambi di profilo rispetto al pubblico). Botard volta le spalle alla porta della scala: è di cattivo umore. Berenger è apatico e come intontito. Sistema le bozze sul tavolo, poi passa il manoscritto a Botard che siede brontolando.

PAPILLON A tra poco, signori. (*Esce sbattendo la porta*).

BERENGER (*legge e corregge, mentre Botard con la matita in mano segue il manoscritto*) Legislazione sui vini d'origine controllata. (*Corregge*) Origine, non orgine. Controllata con due elle. (*Corregge*) Dunque: «I vini muniti di "marchio d'origine controllata" della regione bordolese, zona meridionale delle colline settentrionali...»

BOTARD Ferma! Qui non c'è. Hanno saltato una riga.

BERENGER Allora rileggo. «I vini muniti di "marchio d'origine controllata"...»

DUDARD (*a Berenger e Botard*) Piú piano, per piacere! Non si sente che voi, mi impedite di concentrarmi sul mio lavoro!

BOTARD (*a Dudard, sopra la testa di Berenger chino sulle bozze, riprende la discussione interrotta, mentre Berenger per qualche attimo corregge da solo e legge muovendo le labbra senza emettere la voce, come se pregasse*) È una mistificazione!

DUDARD Che cos'è una mistificazione?

BOTARD La storia del rinoceronte, perdiana! È la vostra propaganda che mette in giro queste voci!

DUDARD (*interrompe il lavoro*) Che propaganda?
BERENGER (*interviene*) Non è affatto propaganda.
DAISY (*smettendo di scrivere a macchina*) Se vi dico che l'ho visto... l'ho visto, lo abbiamo visto!
DUDARD (*a Botard*) Ma non mi faccia ridere! Propaganda? E a che scopo?
BOTARD (*a Dudard*) Ma andiamo! Lei lo sa meglio di me! Non faccia l'ingenuo!
DUDARD (*aspro*) In tutti i casi, signor Botard, non sono pagato dai Pontenegrini, io!
BOTARD (*rosso di collera, pugno sul tavolo*) È una calunnia! Non le permetto di... (*Scatta in piedi*).
BERENGER (*calmandolo*) Via, signor Botard...
DAISY Via, signor Botard...
BOTARD Ripeto che è un'infame calunnia!

La porta dell'ufficio si apre improvvisamente. Botard e Dudard si siedono di scatto. Entra il capufficio che tiene in mano il foglio di presenza. Alla sua vista, silenzio improvviso.

PAPILLON Il signor Bœuf non è venuto in ufficio, oggi?
BERENGER (*si guarda intorno*) Già... effettivamente non c'è.
PAPILLON Naturalmente! Proprio quando avevo bisogno di lui... (*A Daisy*) Non ha avvisato se era malato o aveva qualche motivo preciso?
DAISY No, non m'ha detto niente.
PAPILLON (*apre del tutto la porta ed entra*) Ah, ma se continua cosí, lo metto alla porta! Non è la prima volta che mi fa questo scherzo. Sinora ho chiuso un occhio, ma adesso basta! Qualcuno di voi, per caso, ha la chiave della sua scrivania?

Nel medesimo istante entra la signora Bœuf. Durante l'ultima battuta la si era vista salire in gran fretta gli ultimi gradini della scala. Apre bruscamente la porta. È ansante e agitata.

BERENGER Ah, c'è la signora Bœuf.

DAISY Buongiorno, signora.

LA SIGNORA BŒUF Buongiorno, signor Papillon. Signorina... signori...

PAPILLON Allora: e suo marito? Che cosa gli è successo? Non si degna piú di venire in ufficio?

SIGNORA (*ansante*) La... la prego di scusarlo... di scusare mio marito... è andato a passare la domenica dai suoi... ha un po' d'influenza e...

PAPILLON Ah! Un po' d'influenza!

SIGNORA (*porge un biglietto al capufficio*) Appunto... ecco: mi ha mandato questo telegramma... dice che spera di ritornare mercoledí... (*quasi barcollando*) ... per favore... un bicchier d'acqua... una sedia...

Berenger sposta al centro della scena la sua sedia. La signora Bœuf si accascia.

PAPILLON (*a Daisy*) Le dia un bicchier d'acqua!

DAISY Subito! (*Le porta un bicchier d'acqua e la fa bere, durante le battute che seguono*).

DUDARD (*si gira verso Berenger*) Venga a vedere. Presto, venga a vederlo il suo rinoceronte!

BERENGER Vengo. (*Accorre verso il pianerottolo seguito da Daisy che lascia la signora Bœuf*).

PAPILLON Ecco... lei che è l'esperto in rinoceronti: guardi, guardi...

BERENGER Non sono affatto un esperto in rinoceronti.

DAISY Oh... ma guardate come gira in tondo! Si direbbe che soffre... ma che vuole?

DUDARD Già: pare proprio che cerchi qualcuno. (*A Botard*) Lo vede, adesso?

BOTARD (*seccato*) Effettivamente, sí, lo vedo.

DAISY (*al signor Papillon*) Che sia un'allucinazione collettiva? Forse anche lei...

BOTARD Non ho mai allucinazioni, io. Però, c'è qualcosa là sotto...

DUDARD (*a Botard*) Che cosa?

PAPILLON (*a Berenger*) È proprio un rinoceronte, vero? Lo stesso che lei ha visto ieri? (*A Daisy*) Quello che ha visto anche lei?

DAISY Sí, certo.

BERENGER Ha due corna. È un rinoceronte africano, anzi, asiatico. Ah! Adesso non so piú se il rinoceronte africano ha un corno o due!

PAPILLON Ci ha demolito la scala; tanto meglio! Me l'aspettavo che crollasse. Sono anni che chiedo alla direzione generale di sostituire questa vecchia scala tarlata con dei gradini di cemento...

DUDARD Proprio la settimana scorsa ho spedito un ennesimo rapporto, signor capufficio.

PAPILLON Doveva succedere, doveva succedere. C'era da aspettarselo. I fatti mi hanno dato ragione.

DUDARD (*al capufficio*) Forse soffre di cuore.

PAPILLON È molto spiacevole che il signor Bœuf sia assente, ma non è il caso che se la prenda cosí, signora!

SIGNORA (*con sforzo*) È che... che sono stata inseguita da un rinoceronte da casa fino a qui.

BERENGER Unicorne o bicorne?

BOTARD (*risata*) Non fatemi ridere!

DUDARD (*indignato*) La lasci dire!

SIGNORA (*con sforzo, cerca di precisare e col braccio indica la scala*) Sí... è ancora là, nell'entrata. Ha l'aria di voler salire la scala...

Nello stesso istante si sente un frastuono. Si vedono degli scalini crollare, come sotto un peso enorme. Si sentono, provenienti dal basso, dei barriti lancinanti. La polvere provocata dal crollo si dissolve, e si vede il pianerottolo sospeso sul vuoto.

DAISY Mio Dio!

SIGNORA (*seduta, una mano sul cuore*) Oh!!! Ah!!!

BERENGER (*le si avvicina e cerca di rianimarla. Le dà schiaffetti sulle guance, la fa bere*) Calma, signora, calma!

Frattanto il signor Papillon, Dudard e Botard corrono

verso sinistra, spalancano la porta urtandosi e si ritrovano sul pianerottolo tra la polvere. Continuano dal basso i barriti.

DAISY (*alla signora Bœuf*) Va meglio adesso, signora?
PAPILLON (*sul pianerottolo*) Eccolo là! Guardate che bestione!
BOTARD (*sul pianerottolo*) Io non vedo niente. È un'illusione ottica.
DUDARD Ma sí, guardi laggiú! gira in tondo...
PAPILLON Signori, non c'è dubbio: gira in tondo.
DUDARD Non può salire... già, se non c'è piú la scala!
BOTARD Strano, molto strano. Che vorrà dire?
DAISY (*ironica, al signor Papillon*) Come sempre.
BERENGER (*a Dudard e al signor Papillon*) Dunque... dunque: la bicornutezza caratterizza il rinoceronte asiatico o africano? L'unicornutezza caratterizza quello africano o quello asiatico?...
DAISY Povera bestia! Continua a barrire e a girare in tondo. Ma che cosa vorrà? Oh, ecco: adesso ci sta guardando... (*Rivolta al rinoceronte*) ... micio, micio, micio...
DUDARD Non vorrà accarezzarlo? Non è certo domestico.
PAPILLON In ogni modo è fuori portata.

Il rinoceronte barrisce in modo sinistro.

DAISY Povera bestia!
BERENGER (*a Botard, continuando*) ... lei che sa tante cose, non crede invece che sia la bicornutezza a...
PAPILLON Lei sta divagando, caro Berenger, lei è ancora intontito. Il signor Botard ha ragione.
BOTARD Com'è possibile che in un paese civile...
DAISY (*a Botard*) Va bene. Ma insomma: esiste o non esiste?
BOTARD È un'infame macchinazione! (*Con gesto oratorio, punta il dito verso Dudard e lo fulmina con lo sguardo*) ... e la colpa è sua!
DUDARD Perché mia e non sua?

BOTARD (*in collera*) Colpa mia? Eh già, sono sempre gli oppressi a pagare. Ma se dipendesse da me...

PAPILLON Ah, siamo conciati bene, senza scala!

DAISY (*a Botard e Dudard*) Signori, calmatevi, non è il momento!

PAPILLON È tutta colpa della direzione generale!

DAISY Può darsi. Ma ora come facciamo a scendere?

PAPILLON (*accarezza galantemente la guancia alla dattilografa*) La prendo tra le braccia, e poi saltiamo tutti e due, stretti stretti...

DAISY (*respinge la mano del capufficio*) Non mi metta in faccia le sue mani rugose, razza di pachiderma!

PAPILLON Ma scherzavo.

Frattanto, mentre il rinoceronte continua a barrire, la signora Bœuf si alza e raggiunge il gruppo sul pianerottolo. Fissa attentamente per qualche istante il rinoceronte che gira in tondo, poi improvvisamente lancia un grido angosciato.

SIGNORA Mio Dio! È mai possibile!

BERENGER (*alla signora Bœuf*) Che c'è signora?

SIGNORA È mio marito! Bœuf, mio povero Bœuf, che cosa ti è successo?!

DAISY (*alla signora Bœuf*) È proprio sicura?

SIGNORA Sí, lo riconosco, lo riconosco!

Il rinoceronte risponde con un barrito violento ma affettuoso.

PAPILLON Ah, ma questa volta lo metto alla porta sul serio!

DAISY È assicurato almeno?

BOTARD (*tra sé*) Ora capisco tutto!

DAISY Come farà l'assicurazione a pagare in un caso simile?

SIGNORA Ah, mio Dio! (*Sviene tra le braccia di Berenger*).

BERENGER Oh!

DAISY Presto, portiamola di là.

Berenger, aiutato da Dudard e da Daisy, sorregge la signora Bœuf sino alla sedia e l'aiuta a sedersi.

DAISY (*mentre la sorregge*) Non se la prenda cosí, signora Bœuf...

SIGNORA Ah! Oh! Oh!

DAISY A tutto c'è rimedio...

PAPILLON (*a Dudard, burocratico*) Giuridicamente, come ci si può regolare?

DUDARD Mah! Sentiremo il contenzioso.

BOTARD (*segue il gruppo, alzando le braccia al cielo*) Cose da pazzi! Che società!

Tutti circondano la signora Bœuf e cercano di farla rinvenire. Ella apre gli occhi, sospira, e li richiude. Nuovi tentativi di rianimarla mentre Botard parla.

BOTARD In ogni modo, state sicuri che riferirò il fatto al mio Comitato d'azione. Non abbandonerò mai un collega in difficoltà. Parlerò.

SIGNORA (*rinviene*) Poverino, non posso lasciarlo in quello stato, povero Bœuf.

Un forte barrito.

SIGNORA Mi chiama, sentite? Mi chiama!

DAISY Va meglio, signora Bœuf?

DUDARD Sí, sta riprendendosi.

BOTARD (*alla signora Bœuf*) Stia certa dell'appoggio della nostra delegazione. Perché non s'iscrive al Comitato d'azione?

PAPILLON E intanto il lavoro subirà un ulteriore ritardo. Signorina Daisy, la corrispondenza!

DAISY Prima di tutto mi piacerebbe sapere come faremo ad uscire di qui.

PAPILLON Certo, è un problema... Ah, dalla finestra!

Si dirigono tutti verso la finestra, tranne la signora

Bœuf abbandonata sulla sedia, e Botard, entrambi al centro del palcoscenico.

BOTARD So che cosa c'è sotto tutto questo!
DAISY (*alla finestra*) Ma è troppo alto!
BERENGER Forse sarà meglio chiamare i pompieri, vengano loro con le scale...
PAPILLON Signorina Daisy, vada subito nel mio ufficio e telefoni ai pompieri. (*Accenna a seguirla*).
DAISY (*esce dal fondo. Si sente la sua voce al telefono*) Pronto, pronto: i pompieri?

Segue un brusio indistinto di telefonata.

SIGNORA (*si alza di scatto*) Non posso lasciarlo cosí... non posso lasciarlo cosí!
PAPILLON Se voleva divorziare, adesso ha un motivo validissimo.
DUDARD Già, daranno senz'altro la colpa a lui!
SIGNORA No! Poveretto! Non è il momento! Non posso lasciare mio marito in queste condizioni.
BOTARD Lei è una brava moglie.
DUDARD (*alla signora Bœuf*) Ma che cosa farà?

Correndo verso destra, la signora Bœuf si porta sul pianerottolo.

BERENGER Attenzione!
SIGNORA Non posso lasciarlo, non posso lasciarlo!
DUDARD Fermatela!
SIGNORA Me lo riporto a casa!
PAPILLON Ma che vuol fare?
SIGNORA (*si dispone a saltare dal pianerottolo*) Vengo, caro, vengo!
BERENGER Vuole buttarsi giú!
BOTARD È suo dovere.
DUDARD Non ci riuscirà!

Tutti – tranne Daisy che continua a telefonare – sono

ora presso la signora Bœuf, sul pianerottolo. La signora Bœuf spicca il salto.

BERENGER (*che ha tentato di trattenerla, rimane con la sottana della signora Bœuf in mano*) Non ho potuto fermarla!

Si sentono dal basso teneri barriti del rinoceronte.

SIGNORA Eccomi, caro, eccomi!
DUDARD Gli è caduta proprio in groppa, a cavalcioni.
BOTARD Che amazzone!
VOCE DELLA SIGNORA BŒUF A casa, caro, torniamo a casa!
DUDARD Se ne vanno al galoppo.

Dudard, Berenger, Botard e il signor Papillon tornano sul palcoscenico e si avvicinano alla finestra.

BERENGER Come corrono!
DUDARD (*al signor Papillon*) Ha mai cavalcato, lei?
PAPILLON Una volta... un poco... (*Si gira verso la porta di fondo. A Dudard*) Non ha ancora finito di telefonare?
BERENGER (*segue il rinoceronte con lo sguardo*) Ormai sono lontani... non si vedono piú.
DAISY (*esce dall'ufficio*) Non è stato facile far venire i pompieri.
BOTARD (*come a conclusione di un monologo interiore*) È una vergogna!
DAISY Non è stato facile far venire i pompieri.
PAPILLON Ci sono molti incendi?
BERENGER Sono anch'io d'accordo con il signor Botard. Il comportamento della signora Bœuf è veramente commovente, ha dimostrato che è una donna di gran cuore.
PAPILLON Già, e io ho un impiegato di meno e dovrò sostituirlo.

BERENGER Crede proprio che non potrà piú esserci utile?

DAISY No, signor Papillon, non si tratta di incendi, i pompieri sono stati chiamati per via di altri rinoceronti.

BERENGER Altri rinoceronti?!

DUDARD Come, per altri rinoceronti?

DAISY Sí, per altri rinoceronti. Sono segnalati in molti posti: stamattina ce n'erano sette, ora ce ne sono diciassette.

BOTARD Eh, che vi dicevo?

DAISY ... anzi, di segnalati ce ne sono trentadue. Non è ancora una cifra ufficiale, ma sarà certamente confermata.

BOTARD (*meno convinto*) Pff! Le solite esagerazioni!

PAPILLON Ma verranno bene a tirarci fuori di qui, spero!

BERENGER Io ho già fame.

DAISY Sí, stanno arrivando, i pompieri sono già partiti.

PAPILLON E il lavoro?

DUDARD Io ritengo che questo sia un caso di forza maggiore.

PAPILLON Dovremo ricuperare le ore di lavoro perdute.

DUDARD E cosí, signor Botard, continua sempre a negare la realtà rinocerontica?

BOTARD Il nostro comitato si oppone al licenziamento senza preavviso del signor Bœuf.

PAPILLON Non spetta a me di decidere. Esamineremo le risultanze dell'istruttoria.

BOTARD (*a Dudard*) No, signor Dudard, non nego la realtà rinocerontica. Non l'ho mai negata.

DUDARD Lei è in malafede!

DAISY Ah, sí! Proprio in malafede!

BOTARD Ripeto che non l'ho mai negata. Volevo solo rendermi conto della portata effettiva del fatto. Quanto a me, so bene come regolarmi. Non mi limito a prendere atto del fenomeno. Lo esamino e posso anche spiegarlo. Per lo meno, potrei spiegarlo, se...

DUDARD E allora ce lo spieghi anche a noi.

DAISY Sí, ce lo spieghi, signor Botard.

PAPILLON Lo spieghi, dato che i suoi colleghi glielo chiedono.

BOTARD Ve lo spiegherò...

DUDARD Sentiamo.

DAISY Sono proprio curiosa.

BOTARD ... ve lo spiegherò... un giorno...

DUDARD E perché non adesso?

BOTARD (*al signor Papillon, minaccioso*) Comunque, avremo presto una spiegazione noi due! (*A tutti*) Conosco il movente del fatto e il retroscena di tutta la faccenda!

DAISY Che retroscena?

BERENGER Che retroscena?

DUDARD Mi piacerebbe proprio vederlo, questo retroscena...

BOTARD (*riprende, terribile*) E non è tutto! Conosco anche i nomi dei responsabili, uno per uno. E dei traditori. Non sono un ingenuo: vi rivelerò il movente preciso e il significato di questa provocazione! E toglierò la maschera ai provocatori!

BERENGER Ma chi può avere interesse a...?

DUDARD (*a Botard*) Non divaghi, signor Botard.

PAPILLON Sí, non divaghiamo.

BOTARD Come? Io divago? Divago?

DAISY Un momento fa lei ci accusava di soffrire di allucinazioni.

BOTARD Prima, sí. Ma adesso l'allucinazione si è trasformata in provocazione.

DUDARD Ah! E, secondo lei, com'è successo questo cambiamento?

BOTARD Ma è il segreto di Pulcinella! Signori! Anche i bambini lo capiscono! Solo gli ipocriti fanno finta di non capire.

Si sente il rumore e la sirena dell'autopompa in arrivo. Rumori, macchina che frena e si arresta bruscamente sotto la finestra.

DAISY Ecco i pompieri!

BOTARD Ma le cose cambieranno, non finirà cosí!

DUDARD Signor Botard, questa storia non significa proprio niente. I rinoceronti esistono, ecco tutto. Non vuol dire nient'altro.

DAISY (*alla finestra, guarda in basso*) Da questa parte, signori pompieri!

Dal basso, rumore di trambusto, scompiglio, sportelli d'auto sbattuti.

VOCE DI UN POMPIERE Alzate la scala!

BOTARD (*a Dudard*) Ho in mano la chiave degli avvenimenti, un mezzo di interpretazione infallibile!

PAPILLON In ogni modo, oggi pomeriggio, dobbiamo tornare in ufficio.

Si scorge la scala dei pompieri che si posa contro la finestra.

BOTARD Tanto peggio per gli affari, signor Papillon.

PAPILLON Già! Ma che cosa dirà la direzione generale?

DUDARD È un caso di forza maggiore.

BOTARD (*indica la finestra*) Non vorrà obbligarci a risalire dalla finestra. Dovremo aspettare che aggiustino la scala.

DUDARD Certo: se qualcuno si rompesse una gamba potrebbe far avere delle grane alla direzione...

PAPILLON Giusto.

Appare alla finestra il casco di un pompiere, poi il pompiere.

BERENGER (*a Daisy, indicando la finestra*) Prego, dopo di lei, signorina Daisy.

POMPIERE Coraggio, signorina. (*Prende Daisy tra le braccia*).

Daisy scavalca la finestra e sparisce in basso con il pompiere.

DUDARD Arrivederci, signorina! A presto!

DAISY (*mentre sta per sparire*) A presto, signori!

PAPILLON (*dalla finestra*) ... e mi telefoni domattina, signorina! Verrà da me a copiare la corrispondenza. (*A Berenger*) Signor Berenger, desidero richiamare la sua attenzione sul fatto che non siamo in ferie, e che il lavoro verrà ripreso appena possibile. (*Ai due altri*) Mi sono spiegato, signori?

DUDARD D'accordo, signor Papillon.

BOTARD Vedete? Ci sfruttano fino all'osso!

POMPIERE (*riaffiora alla finestra*) Be', a chi tocca, adesso?

PAPILLON (*rivolto ai tre*) Coraggio.

DUDARD Dopo di lei, signor Papillon.

BERENGER Sí, dopo di lei, signor capufficio.

BOTARD Dopo di lei, naturalmente.

PAPILLON (*a Berenger*) Allora, presto! Datemi la corrispondenza che la signorina ha già finito di battere. È là, sul tavolo.

Berenger va a prendere la corrispondenza e la consegna al signor Papillon.

POMPIERE Avanti, sbrigatevi! Non abbiamo tempo da perdere. Ci sono tanti altri che ci hanno chiamati.

BOTARD Eh? Che vi dicevo?

Il signor Papillon, con la corrispondenza sotto il braccio, scavalca la finestra.

PAPILLON (*al pompiere*) Attenzione alle mie cartelle! (*A Dudard, Botard e Berenger*) Signori, a rivederci!

BERENGER A rivederci, signor Papillon!

Il signor Papillon scompare. Si sente ancora la sua voce che ripete: « Attenzione alle mie cartelle! » e a Dudard: « Dudard! Chiuda a chiave l'ufficio! »

DUDARD (*ad alta voce*) Stia tranquillo, signor Papillon! (*A Botard*) Dopo di lei, signor Botard.

BOTARD Signori, io scendo. E prenderò immediatamente contatto con le autorità responsabili. Farò luce su questo falso mistero! (*Si dirige verso la finestra per scavalcarla*).

DUDARD (*a Botard*) Credevo che per lei fosse già tutto chiaro.

BOTARD (*scavalca*) La sua ironia non mi tocca. Voglio darle le prove, i documenti... sí, la dimostrazione del suo tradimento!

DUDARD È assurdo!

BOTARD Questo insulto...

DUDARD È lei che m'insulta!

BOTARD (*sparisce*) Il mio non è un insulto: è la verità!

VOCE DEL POMPIERE Andiamo, andiamo...

DUDARD (*a Berenger*) Che cosa fa oggi pomeriggio? Potremmo andare insieme a bere qualcosa.

BERENGER Mi spiace. Voglio approfittare di questo pomeriggio libero per andare a trovare il mio amico Jean. Sí, devo proprio far pace con lui. Ci siamo lasciati male. Forse per colpa mia.

La testa del pompiere riappare alla finestra.

POMPIERE Avanti, sbrigatevi!

BERENGER (*indica la finestra*) Dopo di lei!

DUDARD (*a Berenger*) Dopo di lei!

BERENGER Ah, no! Dopo di lei!

DUDARD Ma assolutamente! Dopo di lei!

BERENGER La prego: dopo di lei, dopo di lei!

POMPIERE Sbrighiamoci, sbrighiamoci!

DUDARD Dopo di lei, dopo di lei!

BERENGER Dopo di lei, dopo di lei!

Scavalcano nello stesso tempo la finestra. Il pompiere li aiuta a scendere, mentre cala il sipario.

SCENA SECONDA

In casa di Jean. La struttura della scena è quasi identica al quadro precedente. Cioè, il palcoscenico è diviso in due settori. A destra si vede la camera di Jean che occupa i tre quarti (o i quattro quinti) dello spazio, secondo le dimensioni del palcoscenico. Contro la parete di fondo è piazzato il letto sul quale Jean è sdraiato. Al centro della scena, una sedia o una poltrona su cui prenderà posto Berenger. Al centro, verso destra, una porta che dà nel bagno di Jean. Quando Jean andrà in bagno per lavarsi, si sentirà il rumore dell'acqua del lavabo e della doccia. A sinistra della camera, un tramezzo divide in due il palcoscenico. Al centro la porta che dà sulla scala. Volendo fare uno scenario meno realistico e piú stilizzato, si può piazzare direttamente detta porta senza il tramezzo. A sinistra della scena si vede la scala: gli ultimi gradini che portano all'appartamento di Jean, la ringhiera e il pianerottolo. Sul fondo, all'altezza di questo pianerottolo, la porta d'entrata dell'appartamento dei vicini. Piú in basso, sul fondo, si scorge la parte superiore di una porta a vetri sormontata da un cartello: CUSTODE.
All'alzarsi del sipario, Jean è a letto, sotto le coperte, spalle al pubblico. Sussulta per un accesso di tosse. Dopo qualche istante compare Berenger che sale gli ultimi scalini e bussa alla porta. Jean non risponde. Berenger bussa ancora.

BERENGER Jean! (*Bussa ancora*) Jean!

La porta in fondo al pianerottolo si apre a metà. Si affaccia un vecchietto con la barba bianca.

IL VECCHIETTO Che c'è?

BERENGER Vengo a trovare Jean, il signor Jean, un mio amico.

VECCHIETTO Ah, credevo che cercasse me. Mi chiamo anch'io Jean... E invece è per l'altro...

VOCE DELLA MOGLIE DEL VECCHIETTO (*dal fondo della camera*) Chi è?

VECCHIETTO (*volgendosi verso la moglie che non si vede*) No, cercano l'altro.

BERENGER (*bussa*) Jean!

VECCHIETTO Non l'ho visto uscire. L'ho visto ieri sera. Sembrava di cattivo umore.

BERENGER Sí, lo so, è colpa mia.

VECCHIETTO Ah! Forse non vuole aprire... provi ancora.

VOCE DELLA MOGLIE DEL VECCHIETTO Jean! Smettila di chiacchierare, Jean!

BERENGER (*bussa*) Jean!

VECCHIETTO (*alla moglie*) Un momento. Uff, che barba! Vengo! (*Chiude la porta e sparisce*).

JEAN (*sempre di spalle al pubblico, con voce rauca*) Che c'è?

BERENGER Sono venuto a trovarla, caro Jean.

JEAN Ma chi è?

BERENGER Sono io, Berenger. Disturbo?

JEAN Ah, è lei. Avanti.

BERENGER (*cerca di aprire*) È chiusa a chiave.

JEAN Un momento. Uff, che barba! Vengo! (*Si alza con evidente irritazione. Porta un pigiama verde ed è spettinato. Ripete, seccato*) Un momento! (*Gira la chiave nella serratura*) Un momento! (*Va di nuovo a letto, sotto le coperte*) Avanti.

BERENGER (*entra*) Salve, Jean.

JEAN (*a letto*) Ma che ora è? Come mai non è in ufficio?

BERENGER È ancora a letto, come mai non è in ufficio? Mi scusi, forse la disturbo.

JEAN (*sempre di spalle*) Strano, non avevo riconosciuto la sua voce.

BERENGER Anch'io non avevo riconosciuto la sua voce.

JEAN (*sempre di spalle*) Si accomodi.

BERENGER È malato? (*Jean risponde con un grugnito*). Volevo dirle, Jean, è stato stupido da parte mia arrabbiarmi con lei per quella storia.

JEAN Che storia?

BERENGER Ma sí, ieri...

JEAN Ieri quando? Ieri dove?

BERENGER Non si ricorda? Era a proposito del rinoceronte, di quel disgraziato rinoceronte!

JEAN Che rinoceronte?

BERENGER Ma sí, il rinoceronte, o – se preferisce – quei due disgraziati rinoceronti che abbiamo visto.

JEAN Ah, sí, mi ricordo... Ma chi le ha detto che quei due rinoceronti erano disgraziati?

BERENGER È un modo di dire.

JEAN Va bene. Non parliamone piú.

BERENGER Lei è un vero amico.

JEAN E allora?

BERENGER Niente... ci tenevo solo a dirle quanto mi è spiaciuto di aver sostenuto in modo cosí ostinato... testardo... collerico... sí, insomma... È stato stupido da parte mia.

JEAN Be', non mi stupisce.

BERENGER Le chiedo scusa.

JEAN Non sto molto bene. (*Tosse*).

BERENGER È per questo che è rimasto a letto? (*Su un altro tono*) Sa che le dico, Jean: avevamo ragione tutti e due!

JEAN Che ragione?

BERENGER Sí, a proposito del... della stessa cosa. Mi scusi se gliene parlo ancora per un momento. Volevo soltanto dirle, caro Jean, che, secondo i diversi punti di vista, avevamo ragione tutti e due. Ora ne ho le prove. In città ci sono rinoceronti con due corna e rinoceronti con un solo corno.

JEAN E che cosa le dicevo io? Bah, tanto peggio.

BERENGER Tanto peggio.

JEAN Oppure, tanto meglio.

BERENGER Da dove vengano i primi e da dove vengano i secondi, oppure, da dove vengano i secondi e da dove vengano i primi, in fondo non ha importanza. L'unica cosa che conta, a mio avviso, è l'esistenza del rinoceronte come rinoceronte, perché...

JEAN (*si gira e si rizza a sedere sul letto disfatto, verso Berenger*) Ah, non mi sento bene, non mi sento affatto bene!

BERENGER Mi spiace. Ma che cos'ha?

JEAN Mah, non lo so... un malessere, come dei malesseri...

BERENGER Debolezza?

JEAN No, al contrario, mi sento come se avessi del fuoco dentro.

BERENGER Volevo dire, una debolezza momentanea... succede a tutti...

JEAN A me mai.

BERENGER Forse, un eccesso di salute. Troppa energia: alle volte fa male anche questo. Dà degli squilibri al sistema nervoso.

JEAN Sono perfettamente equilibrato. (*La sua voce diventa sempre piú rauca*) Sono sano di corpo e di mente. E la mia costituzione...

BERENGER Certo, certo. Avrà preso freddo senza accorgersene. Ha la febbre?

JEAN Non lo so. Sí, probabilmente devo avere un po' di febbre: ho mal di testa.

BERENGER Già, un po' di emicrania. Se vuole, me ne vado subito.

JEAN No, resti: non mi dà nessun fastidio.

BERENGER La trovo anche un po' rauco.

JEAN Rauco?

BERENGER Sí, un po' rauco: per questo non riconoscevo la sua voce.

JEAN E perché dovrei essere rauco? La mia voce non è cambiata, è lei, invece, che ha una voce strana.

BERENGER Strana? La mia voce?

JEAN E perché no?

BERENGER Sarà... ma non me n'ero accorto.

JEAN Si accorge mai di niente, lei? (*Appoggia la mano sulla fronte*) Ecco, è la fronte, qui, che mi fa male...

Devo aver picchiato da qualche parte, non c'è altra spiegazione. (*La sua voce diventa ancora piú rauca*).

BERENGER Ah, sí? E quando ha picchiato la testa?

JEAN Non so, non mi ricordo.

BERENGER Avrebbe dovuto farle male, al momento.

JEAN Forse ho picchiato mentre dormivo.

BERENGER Eh, no, il colpo l'avrebbe svegliata. È probabile che lei abbia soltanto sognato di picchiare la testa.

JEAN Non sogno mai.

BERENGER ... il mal di testa le sarà venuto durante il sonno, e lei ha dimenticato di aver sognato. Oppure se ne ricorda inconsciamente.

JEAN Inconsciamente? Io? Controllo sempre tutti i miei pensieri, non mi lascio andare alla deriva. Vado sempre diritto, sempre diritto alla meta.

BERENGER Sí, lo so. Non mi sono spiegato bene.

JEAN Sia piú preciso, allora. Non è il caso di dirmi delle cose spiacevoli.

BERENGER Quando si ha mal di testa, si ha spesso l'impressione di aver preso un colpo. (*Si avvicina a Jean*) D'altronde, se ha picchiato la fronte, ci sarà un bernoccolo... (*Osserva Jean*) Che strano! C'è proprio un bernoccolo, infatti!

JEAN Un bernoccolo?

BERENGER Sí, ma piccolo.

JEAN Dove?

BERENGER (*indica la fronte di Jean*) Lí: è gonfio proprio sopra il naso.

JEAN Non ho nessun bernoccolo! Nella mia famiglia non ne abbiamo mai avuti.

BERENGER Ha uno specchio?

JEAN Ah, questa poi! (*Si tocca la fronte*) Già: pare proprio un... Vado a vedere in bagno. (*Si alza bruscamente e va in bagno. Berenger lo segue con lo sguardo. Voce dal bagno*) È vero: c'è proprio un bernoccolo. (*Ritorna. Ha l'aspetto piú pallido e verdastro*) Sí, devo aver battuto la testa.

BERENGER Ha una brutta cera, lo sa? Pallido e verde.

JEAN Lei proprio ci tiene a dirmi delle cose spiacevoli. S'è guardato nello specchio, lei?

BERENGER Mi scusi, non volevo offenderla.

JEAN Non si direbbe.

BERENGER Ha il respiro agitato, mi sembra. Le fa male la gola? (*Jean va a sedersi sul letto*). Forse ha l'angina.

JEAN E perché dovrei avere l'angina?

BERENGER Non c'è niente di infamante, anch'io ho avuto delle angine. Mi lasci sentire il polso. (*Si alza e prende il polso a Jean*).

JEAN (*con voce sempre piú rauca*) Oh, passerà.

BERENGER Il polso è molto regolare: non si preoccupi.

JEAN Ma non sono affatto preoccupato. Perché dovrei esserlo?

BERENGER Ma sí, ha ragione. Qualche giorno di riposo, e starà di nuovo benissimo.

JEAN Non ho tempo di riposarmi: devo pensare a procurarmi il cibo.

BERENGER Ecco, vede? Se ha fame vuol dire che non è niente di grave. Però farebbe meglio a riposarsi per qualche giorno, per prudenza. Ha chiamato il dottore?

JEAN Non ho nessun bisogno del dottore.

BERENGER Ma sí, invece: bisogna chiamare il dottore.

JEAN Non vorrà chiamare il dottore se non voglio chiamare il dottore! Mi curo da solo, io!

BERENGER Fa male a non credere nella medicina.

JEAN I dottori s'inventano malattie che non esistono.

BERENGER Be', l'intenzione è buona: lo fanno per il piacere di curare il prossimo.

JEAN S'inventano le malattie, s'inventano le malattie!

BERENGER Può anche darsi che se le inventino. Però guariscono le malattie che inventano.

JEAN Io ho fiducia solo nei veterinari.

BERENGER (*che aveva finito di tastare il polso di Jean, lo prende nuovamente*) Strano, mi pare che le vene siano un po' gonfie.

JEAN È un segno di energia.

BERENGER Certo, è un segno di buona salute e di energia. Però... (*Osserva da vicino l'avambraccio*).

JEAN (*si libera con forza*) Che le prende di guardarmi come se fossi uno strano animale?

BERENGER La pelle...

JEAN Che diavolo le importa della mia pelle? Mi occupo della sua, io?

BERENGER Si direbbe... si direbbe che stia cambiando colore a vista d'occhio... diventa verde... (*Vuole riprendere la mano a Jean*) ... e anche spessa.

JEAN (*tira indietro la mano*) E non mi palpi cosí! Che le salta in mente? Lei mi ha seccato, alla fine!

BERENGER (*tra sé*) Forse è piú grave di quanto immaginavo. (*A Jean*) Bisogna chiamare il dottore. (*Va verso il telefono*).

JEAN Lasci stare il telefono. (*Si precipita verso Berenger e lo respinge. Questi barcolla*) E s'immischi degli affari suoi!

BERENGER D'accordo, d'accordo. Lo facevo solo per il suo bene.

JEAN (*tosse e respira raucamente*) So benissimo qual è il mio bene.

BERENGER Ma lei respira con difficoltà!

JEAN Respiro come posso! Se non le va il mio modo di respirare, a me non va il suo. Lei respira troppo piano, non si sente neppure, si direbbe che stia per crepare da un momento all'altro.

BERENGER Certo, non sono forte come lei.

JEAN Appunto. Io non la mando mica dal dottore per farsi dare un ricostituente. Ognuno fa quel che gli pare.

BERENGER Va bene, non se la prenda. Sa che io le sono amico.

JEAN L'amicizia non esiste. Non credo alla sua amicizia.

BERENGER Lei mi offende.

JEAN E lei non si offenda.

BERENGER Ma caro Jean...

JEAN E non sono il caro Jean di nessuno!

BERENGER È una vera crisi di misantropia!

JEAN Va bene, sono misantropo, misantropo, misantropo... mi va di essere misantropo!

BERENGER Lei è ancora offeso con me per la discussione di ieri... sí, lo ammetto, è stata colpa mia... è appunto per questo che sono venuto per farle le mie scuse e...

JEAN Di che discussione sta parlando?

BERENGER Ma sí, gliel'ho già detto. Il rinoceronte, no?

JEAN (*senza ascoltare Berenger*) Per esser sincero, non è che io odi gli uomini, mi sono indifferenti, ecco, oppure mi fanno schifo... ma guai se mi vengono tra i piedi: li schiaccio!

BERENGER Lei sa che io non cercherò mai di intralciarla.

JEAN So dove voglio arrivare, io. E vado dritto al mio scopo.

BERENGER Sí, sí, lei ha perfettamente ragione. Però credo che stia passando una crisi morale.

Dalla precedente battuta, Jean cammina per la stanza come una bestia in gabbia, da una parete all'altra. Berenger lo osserva e, di quando in quando, si sposta per evitarlo. La voce di Jean diventa sempre piú rauca.

BERENGER Si calmi... si calmi...

JEAN Mi sentivo a disagio con il vestito, e adesso anche il pigiama mi dà fastidio. (*Slaccia e richiude rapidamente la giacca del pigiama*).

BERENGER Ah, ma che cos'ha sulla pelle?

JEAN Uff! Ancora la mia pelle? È la mia e non la cambierei certo con la sua.

BERENGER Ma sembra cuoio!

JEAN È piú robusta. Resiste meglio alle intemperie.

BERENGER Lei è sempre piú verde...

JEAN Lei ha la mania dei colori, oggi! Allucinazioni, lei ha di nuovo bevuto!

BERENGER Ho bevuto ieri, oggi no.

JEAN È il risultato di un passato di stravizi!

BERENGER Le ho promesso di emendarmi, e manterrò la promessa, perché io seguo i consigli degli amici come lei. E non mi umilia affatto, anzi!

JEAN Me ne infischio. Brr...

BERENGER Che ha detto?

JEAN Niente. Faccio « brr »... mi diverte.

BERENGER (*fissa Jean negli occhi*) Lo sa che cos'è successo a Bœuf? È diventato un rinoceronte!

JEAN Che cos'è successo a Bœuf?

BERENGER È diventato un rinoceronte.

JEAN (*facendosi vento con la giacca del pigiama*) Brr...

BERENGER Su, la smetta di scherzare.

JEAN E mi lasci respirare, ne avrò pure il diritto, no? Sono a casa mia!

BERENGER E chi le dice niente?

JEAN Fa bene a non contraddirmi. Uff, che caldo! Che caldo! Brr... Un momento: vado a rinfrescarmi in bagno.

BERENGER (*mentre Jean si precipita in bagno*) È la febbre.

Jean è in bagno e lo si sente ansare. Rumore dell'acqua che scorre.

JEAN (*dall'altra stanza*) Brr...

BERENGER Ha i brividi. Telefono al dottore, non c'è altro da fare. (*Si dirige di nuovo verso il telefono, poi si arresta bruscamente sentendo la voce di Jean*).

JEAN Cosí quel bravo Bœuf è diventato un rinoceronte. Ah, ah, ah!... Vi ha preso tutti in giro... si è mascherato. (*Sporge la testa dalla porta socchiusa del bagno. È verdissimo. Il bernoccolo sul naso è cresciuto*) ... si è mascherato!

BERENGER (*cammina per la stanza, senza guardare Jean*) Le garantisco che sembrava proprio una cosa seria.

JEAN Be', comunque, sono affari suoi.

BERENGER (*si volta verso Jean che sparisce ancora in bagno*) No, non può averlo fatto apposta. Il cambiamento è avvenuto contro la sua volontà.

JEAN (*dal bagno*) Perché, che ne sa lei?

BERENGER Tutto lo lascia credere.

JEAN E se l'avesse fatto apposta, eh? Se l'avesse fatto apposta?

BERENGER Mi stupirebbe. Comunque la signora Bœuf non lo sapeva di certo.

JEAN (*con voce molto rauca*) Ah! ah! ah! Quella cicciona della signora Bœuf! Ma sí, è una stupida!

BERENGER Che sia stupida o no...

Jean entra rapidamente, si toglie la giacca del pigiama e la getta sul letto. Berenger si volta con discrezione: Jean ha ora il petto e la schiena completamente verdi.

JEAN (*entrando ed uscendo dal bagno*) Bœuf non raccontava mai i fatti suoi alla moglie...

BERENGER Lei si sbaglia: era una coppia molto unita, invece.

JEAN Unita? Ne è proprio sicuro? Hum, hum, brr...

Berenger va verso il bagno, ma Jean lo previene e gli sbatte la porta sul naso.

BERENGER Sí, molto unita. E la prova è che appunto...

JEAN (*dal bagno*) Bœuf aveva una vita propria. Si era scavato un angolino segreto in fondo al cuore.

BERENGER Non dovrei farla parlare, mi pare che le faccia male.

JEAN No, anzi, mi libera.

BERENGER In ogni modo, la prego, mi lasci telefonare al dottore.

JEAN Gielo proibisco nel modo piú assoluto. Non mi va la gente testarda! (*Rientra nella stanza*).

Berenger indietreggia spaventato perché Jean è diventato ancora piú verde e parla con molta difficoltà. La sua voce è irriconoscibile.

JEAN ... e poi, che sia diventato rinoceronte volente o nolente, è tanto di guadagnato per lui.

BERENGER Ma, amico mio, che dice mai? Come può pensare che...

JEAN Lei vede sempre il male dappertutto. Se gli fa piacere di diventare un rinoceronte, meglio per lui! Che c'è di strano?

BERENGER Certo, non c'è niente di strano. Ma io dubito che una cosa simile possa fargli piacere.

JEAN E perché no?

BERENGER Be'... è difficile da spiegare, ma mi pare chiaro.

JEAN Le ripeto che può anche essere piacevole. Dopotutto i rinoceronti sono delle creature come noi e hanno diritto di vivere esattamente quanto noi!

BERENGER Sí, a patto che lascino vivere chi rinoceronte non è. Ma si rende conto della differenza di mentalità?

JEAN (*mentre passeggia per la stanza ed entra ed esce dal bagno*) Perché? Crede che la nostra sia meglio?

BERENGER Ma noi abbiamo una morale umana che ritengo incompatibile con quella di quegli animali.

JEAN La morale! Gliela raccomando, la morale! Ne ho abbastanza della morale; bella roba! Dobbiamo andare oltre la morale!

BERENGER E con che cosa vuole sostituirla?

JEAN Con la natura.

BERENGER La natura?

JEAN Certo. La natura ha le sue leggi. La morale è contronatura.

BERENGER Se ho capito bene, lei vorrebbe sostituire la legge morale con la legge della giungla!

JEAN È là, è là che andrò a vivere...

BERENGER Per modo di dire. Ma in fondo, nessuno di noi...

JEAN (*va e viene. Lo interrompe*) Dobbiamo ricostruire le basi della nostra esistenza... dobbiamo ritornare ai primordi.

BERENGER Non sono affatto d'accordo con lei.

JEAN (*respiro affannoso*) Voglio respirare!

BERENGER Ma rifletta un momento: si rende conto che abbiamo una filosofia che quegli animali non posseggono, e una scala di valori che non si può abolire? Ci sono voluti secoli di umana civiltà per costruirla!

JEAN (*in bagno*) Demoliamo tutto quanto, staremo meglio!

BERENGER Ma lei non dice sul serio. Lei sta scherzando, lei fa della poesia...

JEAN Brr! (*Quasi un barrito*).

BERENGER ... e dire che non sapevo che lei fosse un poeta.

JEAN (*esce dal bagno*) Brr! (*Barrito*).

BERENGER Ma la conosco troppo bene per credere che lei pensi veramente quello che dice. Perché lei sa benissimo che l'uomo...

JEAN (*lo interrompe*) ... l'uomo! Non dica piú questa parola!

BERENGER Voglio dire, l'essere umano, l'umanesimo...

JEAN L'umanesimo è finito! E lei è un ridicolo romantico! (*Rientra in bagno*).

BERENGER E tuttavia, lo spirito...

JEAN (*dal bagno*) Luoghi comuni! Lei dice delle sciocchezze!

BERENGER Sciocchezze?

JEAN (*dal bagno con voce molto rauca, quasi incomprensibile*) Ma certo: sciocchezze!

BERENGER Mi stupisce di sentirle dire certe cose, caro Jean. Che cosa ha in testa? Sí, dico, le piacerebbe davvero essere un rinoceronte?

JEAN E perché no? Non ho i pregiudizi che ha lei, io.

BERENGER Parli piú chiaro. Non capisco. La sua pronuncia è confusa.

JEAN (*dal bagno*) E lei apra le orecchie!

BERENGER Come?

JEAN Apra le orecchie! Ho detto: « Perché non essere un rinoceronte? Mi piacciono i cambiamenti ».

BERENGER Certe cose da lei non me le sarei mai aspettate...

Berenger si interrompe perché Jean appare, sfigurato. È diventato completamente verde. Il bernoccolo sulla fronte si è quasi trasformato in un corno di rinoceronte.

BERENGER Oh, ma lei sta letteralmente perdendo la testa!

Jean si precipita sul letto, getta per terra le coperte, pronuncia parole furiose e incomprensibili, emette suoni strani.

BERENGER Non si arrabbi: calma, calma! Non la riconosco piú!
JEAN (*quasi incomprensibile*) Caldo... troppo caldo... demolire tutto!... Vestito gratta, vestito gratta... (*Lascia cadere i pantaloni del pigiama*).
BERENGER Ma che fa? Non la riconosco piú! Lei che era sempre cosí pudico...
JEAN La palude! La palude!
BERENGER Ma mi guardi! Riesce ancora a vedermi? Mi capisce?
JEAN Vedo benissimo! Capisco benissimo! (*Si lancia a testa bassa verso Berenger, che si scansa*).
BERENGER Attento!
JEAN (*ansando forte*) Mi scusi! (*Si precipita in bagno*).
BERENGER (*fa per uscire dalla porta di sinistra, poi fa mezzo giro su se stesso e segue Jean in bagno*) Non posso lasciarlo in questo stato, è un amico! (*Dal bagno*) Telefono al dottore: è indispensabile, mi creda è assolutamente indispensabile!
JEAN (*c. s.*) No!
BERENGER (*c. s.*) Sí, invece! Si calmi, Jean! Su, non faccia cosí! Oh... il corno sulla fronte si allunga a vista d'occhio!... è un rinoceronte!!
JEAN (*c. s.*) Ti schiaccerò! Ti schiaccerò!

Fracasso in bagno. Barriti. Rumore di oggetti e di specchio infranto. Riappare Berenger, terrorizzato, che chiude a stento la porta del bagno, vincendo la resistenza che si suppone dall'altra parte.

BERENGER (*spingendo la porta del bagno*) È un rinoceronte! È un rinoceronte! (*Riesce infine a chiudere del tutto la porta. Ha la giacca forata da una cornata*).

Nello stesso istante in cui Berenger è riuscito a chiudere la porta, il corno del rinoceronte la sfonda. Mentre la porta vacilla sotto i colpi tremendi dell'animale, e il fracasso prosegue in bagno, donde provengono barriti, frasi sconnesse come « Schifoso », « Lo ammazzo! », ecc., Berenger si precipita verso la porta di destra.

BERENGER Non me lo sarei mai aspettato da lui! (*Apre l'ingresso sulla scala e bussa alla porta del pianerottolo, ripetutamente*) Aiuto! C'è un rinoceronte in casa! Chiamate la polizia!

La porta si apre.

VECCHIETTO Che le prende?

BERENGER Chiami la polizia! Un rinoceronte in casa!

VOCE DELLA MOGLIE DEL VECCHIETTO Che c'è, Jean? Perché fai tanto baccano?

VECCHIETTO Non capisco che cosa vuole. Dice che ha visto un rinoceronte.

BERENGER Ma sí! Qui in casa! Chiamate la polizia!

VECCHIETTO (*seccato*) Giovanotto, che le salta in testa di disturbare cosí la gente? Bella educazione! (*Gli sbatte la porta in faccia*).

BERENGER (*si precipita per la scala*) Portinaio! Portinaio! C'è un rinoceronte in casa! Chiami la polizia! Portinaio!... (*La porta della portineria si apre. Appare una testa di rinoceronte*). Un altro! (*Risale di volata le scale. Vuol entrare nella stanza di Jean, poi esita, si dirige ancora verso la porta del vecchietto, che nello stesso istante si apre. Si affacciano due piccole teste di rinoceronte*). Mio Dio! (*Entra in camera di Jean, mentre la porta del bagno continua ad essere scrollata. Si lancia verso la finestra del proscenio, accennata da un semplice riquadro, e si arresta, di fronte al pubblico. È sfinito. Barcolla, balbetta*) Ah, Dio mio! Dio mio! (*Con grande *sforzo scavalca la finestra, ma quando è già passato dall'altra parte del riquadro, la riscavalca vivamente perché nello stesso istante, si vede un gran numero di corna di rinoceronte affiorare dalla fossa d'orchestra. Si ritira di scatto e guarda un attimo dalla finestra*) Adesso ce n'è un intero branco sul viale! Un'armata di rinoceronti che galoppa per la strada!... (*Guarda a destra e a sinistra*) Come uscire? Come uscire?... Se almeno stessero in mezzo alla strada! Ma la occupano tutta, persino i marciapiedi! Dove uscire, come uscire!... (*Si dirige atterrito verso le varie porte, verso la finestra, mentre la porta continua a tremare e dal bagno si sente Jean barrire e brontolare insulti incomprensibili. La sua mimica continua per alcuni minuti: ogni volta che fa un tentativo di fuga, dirigendosi verso la porta dei vecchietti o sulla scala, si scontra con teste di rinoceronti che barriscono e che lo obbligano a retrocedere. Va un'ultima volta alla finestra*) Un intero branco di rinoceronti! E poi dicono che il rinoceronte vive in solitudine! È falso! È una nozione sbagliata! Ah! Hanno demolito tutte le panchine del viale!... (*Torcendosi le mani*) Come fare? Come fare?! (*Si dirige nuovamente verso le diverse uscite, ma la vista dei rinoceronti lo fa indietreggiare. Ora è dinanzi alla porta del bagno che minaccia di crollare. Allora si lancia contro la parete del fondo che cede e si squarcia. Dalla breccia, si vede la strada. Fugge, urlando*) I rinoceronti! I rinoceronti!

Fracasso della porta del bagno che sta per crollare.

Sipario.

ATTO TERZO

La pianta della scena è quasi identica a quella del quadro precedente. Camera di Berenger. La stanza ricorda molto da vicino quella di Jean. Soltanto alcuni particolari diversi – uno o due mobili in piú – ci indicheranno che si tratta di un'altra camera. A sinistra la scala e il pianerottolo. In fondo al pianerottolo, una porta. Non c'è portineria. Sul fondo, un divano. Una poltrona, un tavolino con sopra il telefono, magari un altro tavolo e una sedia. La finestra sulla parete del fondo è aperta. Riquadro stilizzato di una finestra in proscenio. Berenger, vestito, è allungato sul divano, spalle al pubblico. Ha la testa fasciata, pare dormire. Sta facendo un brutto sogno perché lo si sente gemere durante il sonno.

BERENGER No! (*Pausa*). Le corna, attenti alle corna!

Pausa.
Rumore di molti rinoceronti che passano in strada, sotto la finestra in fondo.

BERENGER No! (*Cade a terra e si dibatte nell'incubo. Di colpo si sveglia. Porta la mano alla fronte, allucinato: poi si alza e va verso lo specchio. Il frastuono esterno si allontana. Berenger solleva un poco la benda sulla fronte. Con un sospiro di sollievo constata che non ha nessun bernoccolo in fronte. È incerto: va verso il divano, si sdraia, si rialza immediatamente. Poi va verso il tavolo, prende la bottiglia di cognac e un bicchiere e fa per versarsi da bere. Dopo un breve conflitto interiore rinuncia e posa bottiglia e bicchiere*) Un po' di volontà, eh? Volontà! (*Sta per andare nuovamente verso il divano, quando da fuori si sentono ancora i rumori della folle corsa dei rinoceronti che passano sotto la finestra del fondo. Porta una mano al cuore, con spavento*) Oh! (*Va verso la finestra del fondo, guarda un attimo, poi, con rabbia, la chiude. I rumori dissolvono. Va verso il tavolino, esita un istante, poi, con una mimica che significa «Tanto peggio!», si versa un bicchiere pieno di cognac e lo beve in un sorso. Posa bottiglia e bicchiere. Tossisce. Si deve notare che la sua tosse lo preoccupa. Tossisce ancora e si ascolta tossire. Si guarda ancora allo specchio, tossendo, poi apre la finestra. Ansare dei pachidermi in aumento. Tossisce*) No! È tutto diverso! (*Si calma, chiude la finestra, si tocca la fronte al di sopra delle bende, va verso il divano, siede, sembra addormentarsi*).

Frattanto si scorge Dudard salire gli ultimi gradini della scala, arrivare sul pianerottolo e bussare alla porta di Berenger.

BERENGER (*sussulta*) Che c'è?

DUDARD Sono venuto a trovarla, Berenger, sono venuto a trovarla.

BERENGER Ma chi è?

DUDARD Sono io, sono io.

BERENGER Chi, io?

DUDARD Io, Dudard.

BERENGER Ah, è lei. Avanti.

DUDARD Non disturbo? (*Cerca di aprire*) È chiusa a chiave.

BERENGER Un momento. Uff, che barba! (*Va ad aprire*).

DUDARD (*entra*) Salve, Berenger.

BERENGER Salve, Dudard. Ma che ora è?

DUDARD E così? Sempre barricato in casa? Come si sente, un po' meglio?

BERENGER Mi scusi: non avevo riconosciuto la sua voce.

(*Va ad aprire la finestra*) Sí, sí, va un po' meglio, o almeno, spero.

DUDARD La mia voce non è cambiata, io ho riconosciuto subito la sua.

BERENGER Mi scusi: mi pareva... sí, è vero, la sua voce è sempre uguale... E la mia, non è mica diversa per caso?

DUDARD E perché dovrebbe essere diversa?

BERENGER Non sono mica un po'... un po' rauco?

DUDARD No, non mi pare.

BERENGER Tanto meglio. Mi tranquillizza.

DUDARD Ma che cos'ha?

BERENGER Non so... non si sa mai. La voce può cambiare, succede, purtroppo!

DUDARD Perché? Ha preso freddo anche lei?

BERENGER No, spero proprio di no... ma si accomodi, caro Dudard, si accomodi. Si metta in poltrona.

DUDARD (*siede in poltrona*) Sta sempre poco bene? Ha ancora mal di testa? (*Indica la testa fasciata di Berenger*).

BERENGER Ma sí, ho ancora mal di testa. Ma non ho un bernoccolo, non ho affatto picchiato la testa, vero? (*Solleva la benda e mostra la fronte a Dudard*).

DUDARD No, non ha nessun bernoccolo. Non vedo niente.

BERENGER E spero di non averne mai. Mai!

DUDARD Ma... se non picchia la testa, come potrebbe venirle un bernoccolo?

BERENGER Già, infatti: basta non picchiarla. E io non la picchierò assolutamente.

DUDARD Ma certo, basta starci attenti. Ma che le succede? La trovo nervoso, agitato. Dev'essere l'emicrania. Cerchi di evitare il movimento, vedrà che sentirà meno il dolore.

BERENGER Un'emicrania? Non mi parli di emicrania! Non la nomini nemmeno!

DUDARD Ma è piú che logico che lei abbia l'emicrania dopo un tale spavento.

BERENGER Ah, sí, stento proprio a riprendermi!

DUDARD Appunto: non c'è niente di straordinario se ha un po' di mal di testa.

BERENGER (*si precipita allo specchio, solleva la fasciatura*) No, niente! Sa: comincia sempre cosí...

DUDARD Che cosa comincia cosí?

BERENGER Ho... ho paura di diventare un altro.

DUDARD Su, si calmi, si rimetta a sedere. A camminare cosí, avanti e indietro per la stanza, i nervi ci vanno di mezzo.

BERENGER Sí, certo, ha ragione... calma. (*Siede*) Non riesco ancora a capacitarmi.

DUDARD Per il fatto di Jean? Eh, lo credo.

BERENGER Per Jean e anche per gli altri.

DUDARD Eh, capisco che dev'essere stato un colpo.

BERENGER Succede per molto meno, lo ammetterà anche lei.

DUDARD Sí, certo, però, non bisogna poi esagerare: non è una buona ragione perché lei...

BERENGER Avrei voluto vedere lei al mio posto! Jean era il mio migliore amico. Questo voltafaccia a vista d'occhio, questa furia improvvisa!

DUDARD Naturale, è stata una brutta esperienza. Ma non ci pensi piú, tanto non serve a niente.

BERENGER Non pensarci piú... è una parola! Era un ragazzo cosí umano, un grande difensore dell'umanesimo. Chi l'avrebbe mai detto! Lui, proprio lui! Ci conoscevamo da... da sempre. Non mi sarei mai sognato che sarebbe cambiato in quel modo! Ero piú sicuro di lui che di me stesso!... Ah, farmi una cosa simile, a me!

DUDARD Non penserà che ce l'avesse proprio con lei!

BERENGER Eppure... se l'avesse visto scatenato!... e la sua espressione, poi...

DUDARD Be', è toccato a lei perché per caso era a casa sua. Ma sarebbe successo nello stesso modo anche con un altro.

BERENGER Ma davanti a me... almeno per rispetto a tutti i comuni ricordi... poteva controllarsi, mi pare!

DUDARD Lei crede di essere il centro dell'universo, pensa sempre che tutto quello che succede riguardi lei personalmente! Ma non è mica il polo magnetico!

BERENGER Sarà. Cercherò di farmi una ragione. Però, il

fenomeno, anche preso a sé, è inquietante. A me, per dirle la verità, fa paura. Come lo spiega, lei?

DUDARD Ecco... per il momento non ho ancora trovato una spiegazione che mi soddisfi. Cosí mi limito a constatare i fatti e a prenderne atto. E poi, dal momento che la cosa esiste, ci sarà bene una spiegazione, no? Curiosità di natura, bizzarrie, stravaganze, forse solo un gioco, chissà?

BERENGER Jean aveva molto orgoglio. Io invece, non ho ambizioni: mi accontento di ciò che sono.

DUDARD Forse gli piaceva l'aria aperta, la campagna, il cielo... forse sentiva il bisogno di lasciarsi andare... Non lo dico per scusarlo...

BERENGER Sí, capisco, o per lo meno, mi sforzo di capire. Ma anche se mi accusassero di non avere una mentalità aperta, di essere solo un piccolo borghese, chiuso nel suo gretto mondo, non cambierei la mia opinione.

DUDARD Ma naturale: nessuno ha voglia di cambiare. E allora perché se la prende tanto per qualche caso di rinocerontite? Magari è una malattia.

BERENGER Appunto: ho paura che sia contagiosa.

DUDARD Bah, non ci pensi piú! Sul serio, lei dà troppa importanza alla cosa. Il caso di Jean non è poi cosí sintomatico, non significa ancora niente, lei stesso diceva prima che Jean era un ambizioso. Ebbene, secondo me – scusi se parlo male di un suo amico – era un irrequieto, un eccentrico, un po' orso... non ci si può basare su certi originali. È la media che conta.

BERENGER Allora è tutto chiaro. Poco fa lei diceva di non essere riuscito a spiegare il fenomeno; ma questo è un motivo piú che plausibile, mi pare. Certo che per arrivare a quel punto deve aver avuto una crisi, un eccesso di pazzia... Eppure ragionava perfettamente, dava l'impressione di aver ponderato bene la cosa, di aver preso una seria decisione... Ma Bœuf? Anche Bœuf era pazzo? E gli altri? Gli altri?

DUDARD Resta l'ipotesi dell'epidemia. Sarà come l'influenza. Le epidemie non sono novità.

BERENGER D'accordo, ma nessuna è mai stata come questa. E se venisse dall'Africa – che so? – dalle Colonie?

DUDARD Comunque non vorrà sostenere che anche Bœuf e tutti gli altri hanno fatto quel che han fatto, e sono diventati quel che sono diventati, apposta per far dispetto a lei. Non si sarebbero dati tanta pena, creda a me.

BERENGER Sí, quel che lei dice è giusto, è una parola rassicurante... o forse invece, è ancora piú grave? (*Si sentono i rinoceronti galoppare sotto la finestra del fondo*). Ecco: li sente? (*Si precipita alla finestra*).

DUDARD E li lasci stare! (*Berenger chiude la finestra*). Che cosa fanno poi per darle tanto fastidio? È una vera ossessione la sua! No, cosí non va: lei si rovina i nervi. D'accordo, ha avuto uno choc. Ma adesso, basta. Adesso cerchi di rimettersi in sesto.

BERENGER Mi domando se sono immunizzato.

DUDARD Mah... in ogni modo non è mortale. Ci sono certe malattie salutari. Io sono convinto che, se uno vuole, può guarire. Vedrà, passerà anche a loro.

BERENGER Sí, ma lascerà certo dei postumi! Un tale squilibrio organico non può non lasciare il segno.

DUDARD È un fatto passeggero, non c'è da allarmarsi.

BERENGER È proprio sicuro?

DUDARD Mah... credo, suppongo...

BERENGER Ma se proprio non ci si vuole ammalare – capisce? – se assolutamente non ci si vuole ammalare di questa malattia che in sostanza è una malattia nervosa... allora non ci si ammala, non ci si ammala!... Prende un goccio di cognac? (*Va verso la tavola dove si trova il cognac*).

DUDARD No, grazie, non si disturbi. Ma se lei ne ha voglia, non faccia complimenti... Attento, però, perché è facile che le aumenti il mal di testa, dopo.

BERENGER L'alcool protegge dalle epidemie. Rende immuni. Sí, per esempio, distrugge i microbi dell'influenza.

DUDARD Be'... non è che distrugga tutti i microbi di tutte le malattie. Per la rinocerontite non sappiamo ancora che effetto fa.

BERENGER Jean non beveva mai alcolici. Almeno, cosí

diceva. Forse è proprio per questo che... sí, dico, forse questo può spiegare il suo contegno. (*Porge un bicchiere pieno a Dudard*) Davvero non ne vuole?

DUDARD No, grazie. Non bevo mai prima dei pasti.

Berenger vuota il bicchiere e continua a tenerlo in mano, con la bottiglia. Tossisce.

DUDARD Vede? Vede? Non lo sopporta: la fa tossire.

BERENGER (*preoccupato*) Già, mi fa tossire. Come ho tossito?!

DUDARD Ha tossito come chi beve qualcosa di forte.

BERENGER (*posa sul tavolo il bicchiere e la bottiglia*) Non era una tosse un po' strana? Era proprio una vera tosse umana?

DUDARD Ma che diavolo va a pensare? Se era una tosse umana?... e che altro tipo di tosse poteva essere?

BERENGER Be', non so... forse una tosse bestiale... Che lei sappia, il rinoceronte tossisce?

DUDARD Ma andiamo Berenger, lei è ridicolo con queste storie, lei si pone dei problemi completamente assurdi... Le ricordo che proprio lei ha detto che la volontà è la miglior difesa contro tutto questo.

BERENGER Sí, certo.

DUDARD Ebbene, dimostri di avere della volontà.

BERENGER Le assicuro che ne ho...

DUDARD Ma prima lo dimostri a se stesso... ecco, tanto per cominciare, non beva piú cognac... si sentirà piú sicuro di sé.

BERENGER Lei non vuol capirmi. Le ripeto che lo bevo solo perché preserva dal peggio, unicamente per questo: è tutto calcolato. Quando finirà l'epidemia non berrò piú. Prima di questi avvenimenti avevo già preso la decisione di smetterla. Ora la rimando, provvisoriamente.

DUDARD Lei cerca solo delle scuse.

BERENGER Ah, sí, lei crede?... In ogni modo questo non ha niente a che vedere con quanto sta succedendo.

DUDARD E chi lo sa?

BERENGER (*con terrore*) Come? Lei davvero pensa che ci sia un rapporto? Lei crede che l'alcool prepari il terreno a...? Non sono un alcolizzato! (*Va verso lo specchio, si guarda attentamente*) Non avrò per caso... (*Si passa la mano sulla faccia, si tocca la fronte sotto la benda*) No, niente di nuovo, non mi ha fatto male... questo prova che fa bene o per lo meno che è una cosa innocua.

DUDARD Ma andiamo, caro Berenger, io scherzavo! Lei vede tutto nero. Stia attento, lei finirà per diventare nevrastenico. Appena si sarà ripreso dallo choc, dalla depressione, e potrà uscire a prendere una boccata d'aria, vedrà che tutto andrà meglio. E le sue angosce spariranno.

BERENGER Uscire? Già, dovrò pur uscire. La sola idea mi dà i brividi. Ne incontrerò sicuramente...

DUDARD E con questo? Basta non tagliargli la strada, scansarsi in tempo. Del resto non sono poi tanti.

BERENGER Ma se non vedo altro! Lei adesso dirà che la mia è una fissazione morbosa.

DUDARD Non attaccano l'uomo. A lasciarli stare, neanche ti guardano. In fondo non sono cattivi. Anzi, c'è in loro come una ingenuità naturale, sí, una specie di candore. D'altronde io stesso per venir qui ho fatto a piedi tutto il viale. E, come vede, sono sano e salvo: non ho avuto nessun incidente.

BERENGER A me, solo a vederli, mi mettono l'agitazione addosso. È un fatto nervoso. Non è che facciano rabbia, no, non ci si deve arrabbiare, la collera può portarci chissà dove, io ci sto attento, ma mi fa un certo effetto qui... (*si tocca il cuore*) ... mi si stringe il cuore, ecco!

DUDARD Be', fino a un certo punto si può anche capire. Ma lei è troppo impressionabile. Lei non ha il senso dell'umorismo; sí, è questo il suo difetto piú grave: lei non ha il senso dell'umorismo. Bisogna prender le cose piú alla leggera, con maggior distacco.

BERENGER È che io mi sento sempre solidale con tutto quello che succede. Io partecipo, non posso restare indifferente.

DUDARD Non giudicate se non volete essere giudicati. E

poi, se ce la prendessimo per tutto quello che succede, non vivremmo piú.

BERENGER Già, ma vede, se questo fosse successo altrove, in un altro paese, se l'avessimo letto sui giornali, allora potremmo discuterne tranquillamente, studiare la questione sotto tutti i suoi aspetti, e arrivare anche a trarne delle conclusioni obiettive. Si organizzerebbero dei convegni accademici, si interpellerebbero scienziati, scrittori, magistrati, professoresse, artisti. E anche la gente qualunque: sarebbe interessante, appassionante, istruttivo. Ma quando si è presi nell'ingranaggio... quando ci si trova di colpo dinanzi alla brutale realtà dei fatti... non è possibile non sentirci parte in causa, si è troppo scossi per conservare il sangue freddo. Io sono sbalordito, sbalordito, assolutamente sbalordito! Non ci capisco piú niente!

DUDARD Sí, anch'io sono sbalordito come lei. O meglio, lo ero. Adesso comincio ad abituarmi.

BERENGER Si vede che lei ha un sistema nervoso meglio equilibrato del mio. Beato lei. Ma non le pare una cosa triste che...

DUDARD (*interrompe*) Intendiamoci, io non dico che sia un fatto positivo. E non creda che sia poi del tutto d'accordo con i rinoceronti...

Nuovi rumori di rinoceronti che passano, ma questa volta sotto il riquadro della finestra di proscenio.

BERENGER (*sussulta*) Eccoli di nuovo! Eccoli di nuovo! No, no, è inutile: non riesco a abituarmi! Forse avrò torto, ma è piú forte di me: mi preoccupano talmente che non posso piú dormire. Soffro d'insonnia. Cosí dormicchio di giorno, tanto sono stanco.

DUDARD E lei prenda dei sonniferi.

BERENGER Non è una soluzione. Se dormo è ancora peggio. Li sogno di notte, ho degli incubi.

DUDARD Ecco cosa vuol dire prender le cose al tragico. Dica la verità, lei ci piglia gusto a tormentarsi cosí.

BERENGER Le giuro che non sono un masochista.

DUDARD E allora sia superiore, li ignori. Dal momento che è cosí, non può essere altrimenti.

BERENGER Ma questo è fatalismo!

DUDARD No, è saggezza. Se un simile fenomeno succede, esiste certamente un buon motivo perché succeda. È questo motivo che dobbiamo sforzarci di capire.

BERENGER (*si alza*) Ebbene, io non accetto questa situazione.

DUDARD E che vuol farci? Che cosa pensa di fare?

BERENGER Per ora, non so. Ci penserò. Manderò delle lettere ai giornali, scriverò degli appelli, solleciterò un'udienza dal sindaco, o dal vicesindaco, se il sindaco ha troppo da fare.

DUDARD Lasci che le autorità facciano la loro parte. Dopotutto mi domando se, moralmente, lei ha il diritto di immischiarsi nella faccenda. E, d'altra parte, io continuo a credere che non sia niente di grave. Mi pare assurdo agitarsi tanto perché poche persone hanno voluto cambiar pelle. Non stavano piú bene nella loro. Sono liberi, facciano quel che gli pare.

BERENGER Eh, no! Bisogna tagliare il male alla radice!

DUDARD Il male, il male! Parola vuota! Lo sappiamo noi che cos'è il bene e che cos'è il male? Certo, abbiamo delle preferenze. Lei ha paura soprattutto per sé, questa è la verità. Ma non diventerà mai un rinoceronte... le manca la vocazione!

BERENGER Ecco, ecco! Se tutti i dirigenti e i concittadini la pensano come lei, chi si deciderà ad agire?

DUDARD In ogni caso, non vorrà chiedere aiuto anche all'estero. È un fatto interno, riguarda soltanto il nostro paese.

BERENGER Io credo alla solidarietà internazionale...

DUDARD Lei è un donchisciotte! Ah, non lo dico in senso cattivo, non voglio offenderla! È per il suo bene, mi creda, solo per il suo bene: lei deve ritrovare la calma!

BERENGER Mi scusi, lei ha tutte le ragioni. Sono troppo agitato, cercherò di controllarmi. E le chiedo scusa se la trattengo e la obbligo a stare a sentire le mie geremiadi. Perché lei avrà certamente del lavoro da fare. A proposito: ha poi ricevuto la mia richiesta di permesso per malattia?

DUDARD Stia tranquillo: è tutto a posto. Del resto l'ufficio non ha ancora ripreso la sua attività.

BERENGER Come? Non hanno ancora aggiustato la scala? Che trascuratezza! È proprio per questo che tutto va male!

DUDARD Stanno aggiustandola. Ma va per le lunghe. È difficile trovare degli operai. Li assumiamo, lavorano un giorno o due, poi se ne vanno. Spariti! E dobbiamo sostituirli.

BERENGER E poi si lamentano della disoccupazione! Speriamo almeno di avere una scala di cemento.

DUDARD No, sempre di legno, ma nuova, però.

BERENGER Ah, la burocrazia, la burocrazia! Buttano via i soldi, poi, quando si tratta di fare una spesa utile, sostengono di non avere i fondi necessari. Il signor Papillon sarà seccato. Ci teneva molto alla scala in cemento. Come ha reagito?

DUDARD Non abbiamo piú capufficio. Il signor Papillon ha dato le dimissioni.

BERENGER Non è possibile!

DUDARD Glielo assicuro.

BERENGER Molto strano... Forse è proprio per la faccenda della scala?

DUDARD Non credo. In ogni modo, non è questo il motivo ufficiale.

BERENGER E allora, perché? Che gli è successo?

DUDARD Mah... dice che vuole andare a stare in campagna.

BERENGER Va in pensione? Ma non è vecchio, avrebbe potuto ancora diventare direttore.

DUDARD Ci ha rinunciato. Dicc chc aveva bisogno di riposo.

BERENGER La direzione generale sarà molto dispiaciuta di non averlo piú, dovranno sostituirlo. Tanto di guadagnato per lei, con le sue lauree ha delle buone possibilità, no?

DUDARD Ecco, per dirle tutto, è buffo, ma... è diventato un rinoceronte.

Rumori lontani di rinoceronti.

BERENGER Un rinoceronte! Il signor Papillon è diventato un rinoceronte! Ah, questa poi! Questa poi! Io non ci trovo niente di buffo! Ma perché non me l'ha detto subito?

DUDARD Vede? Lei non ha il senso dell'umorismo. Non volevo dirglielo... non gliel'ho detto subito perché, conoscendola bene, sapevo che lei non ci avrebbe trovato niente di buffo. Lei è cosí impressionabile!

BERENGER (*braccia al cielo*) Ah, questa poi! Questa poi! Anche il signor Papillon! Con la posizione che aveva!

DUDARD Be', almeno questo dimostra che la sua metamorfosi è sincera.

BERENGER Ah, non l'ha fatto apposta di certo: sono sicuro che si tratta di una metamorfosi involontaria.

DUDARD Che ne sappiamo noi? È difficile sapere le ragioni segrete delle decisioni del prossimo.

BERENGER Sarà il risultato di una frustrazione... aveva sicuramente dei complessi. Avrebbe dovuto farsi psicanalizzare.

DUDARD Anche se si tratta di un transfert, è un fatto rivelatore. Ognuno si sublima come può.

BERENGER Si è lasciato trascinare, ci scommetterei.

DUDARD Bah, può succedere a tutti.

BERENGER (*atterrito*) A tutti? Ah, no: a lei no, vero? a lei no! E neanche a me!

DUDARD Speriamo.

BERENGER Perché se uno non vuole... è vero?... se uno veramente non vuole...

DUDARD Ma sí, ma sí...

BERENGER (*si calma*) Eppure avrei giurato che Papillon avrebbe avuto la forza di resistere. Lo credevo un uomo di carattere! Anche perché non riesco a capire che interesse, interesse pratico, spirituale...

DUDARD Il suo è un gesto disinteressato, questo è indubbio.

BERENGER Già. È una circostanza attenuante... o non invece aggravante? Ecco il problema. Io direi aggravante, perché se l'ha fatto per il suo piacere... Vede: sono sicuro che Botard, per esempio, avrà giudicato la cosa molto severamente... che ne pensa, Botard, che dice del suo capufficio?

DUDARD Povero Botard, era indignato, offeso. Non ho mai visto un uomo tanto fuori di sé.

BERENGER Be', questa volta non posso proprio dargli torto. Dopotutto Botard non è un cretino qualsiasi. È un uomo di buon senso. E dire che l'avevo sempre giudicato male.

DUDARD Anche lui la giudicava male.

BERENGER Questo prova la mia obiettività nel caso presente. Del resto, anche lei aveva una cattiva opinione di lui.

DUDARD Cattiva opinione... non è la parola giusta. Non ero sempre d'accordo con lui, questo sí. Il suo scetticismo, la sua mancanza di fede, la sua diffidenza, mi davano fastidio. Neppure questa volta, del resto, accetto fino in fondo le sue conclusioni.

BERENGER Sí, ma adesso per ragioni opposte.

DUDARD Be', non è del tutto esatto. Il mio punto di vista, la mia opinione, è, mi permetto di dirle, un po' meno grossolana di quanto lei sembra credere. Perché in realtà Botard non portava argomenti precisi, obiettivi. Oh, beninteso, non è che io approvi i rinoceronti, la prego di crederlo! Però, l'atteggiamento di Botard è quello di sempre... troppo passionale e quindi semplicistico. La sua presa di posizione mi pare unicamente dettata dall'odio per i superiori. Di qui, complesso d'inferiorità, rancore. E poi, non fa che dire frasi fatte, e a me i luoghi comuni non mi vanno.

BERENGER Ebbene, questa volta – non se l'abbia a male – sono pienamente d'accordo con Botard. È un tipo a posto, ecco!

DUDARD Ah, non dico di no, ma non vuole ancora dire...

BERENGER (*interrompe*) Sí, un tipo a posto! Eh, in giro non ce ne sono poi tanti, di tipi a posto! Tutto d'un pezzo, con quattro piedi per terra... sí, voglio dire, due piedi per terra! Sono proprio contento di sentirmi solidale con lui. E quando lo vedrò, voglio congratularmi. Io non posso approvare il signor Papillon. Aveva il dovere di resistere!

DUDARD Lei è un intollerante! Forse Papillon, dopo tanti anni di vita sedentaria, ha provato il bisogno di sfogarsi un po'.

BERENGER (*ironico*) E lei è troppo tollerante, troppo comprensivo!

DUDARD Ma caro Berenger, dobbiamo sempre cercare di capire il prossimo. E quando vogliamo capire un fenomeno e i suoi effetti, è necessario risalire alla causa, con serio impegno intellettuale. Dobbiamo sforzarci di farlo perché siamo degli esseri ragionevoli. Io non ci sono riuscito, lo ripeto, e in coscienza non so se ci riuscirò. In ogni modo, dobbiamo imporci a priori un atteggiamento favorevole o, per lo meno, l'obiettività, l'ampiezza di vedute proprie di una mente scientifica. Tutto ha una logica: comprendere vuol dire giustificare.

BERENGER (*ironico*) Lei diventerà presto un simpatizzante dei rinoceronti, glielo dico io.

DUDARD Ma no, ma no. Non arriverò mai a tanto. Sono soltanto uno che cerca di veder le cose come stanno, freddamente: sono un realista, io. E poi sono anche convinto che tutto ciò che è naturale non è vizioso. Guai a colui che vede il vizio dovunque! È tipico degli inquisitori.

BERENGER E le pare che tutto questo sia naturale?

DUDARD Che c'è di piú naturale di un rinoceronte?

BERENGER Già, ma un uomo che diventa rinoceronte è un fatto indiscutibilmente anormale.

DUDARD Oh, indiscutibilmente è una parola forte.

BERENGER Indiscutibilmente anormale, assolutamente anormale!

DUDARD (*ironico*) Vedo che lei è molto sicuro di sé. Come stabilire dove finisce la normalità e dove comincia l'anormalità? Come distinguere questi concetti: « normale » e « anormale »? Badi che, né in filosofia, né in medicina, nessuno è mai riuscito a risolvere il problema. Lei dovrebbe essere al corrente di queste cose.

BERENGER Può anche darsi che filosoficamente non sia possibile decidere, ma in pratica è facilissimo. Se ti dimostrano che il movimento non esiste, ti metti a camminare, e cammini, cammini, cosí... (*Cammina avanti e indietro per la stanza*) ... si cammina oppure ci si dice come Galilei: « Eppur si muove ».

DUDARD Ma lei sta facendo una confusione gravissima. Nel caso di Galileo era proprio il pensiero teoretico e scientifico a trionfare sul conformismo e sul dogmatismo.

BERENGER (*confuso*) Ma che storie sono? Conformismo, dogmatismo... parole, parole! Può darsi che io abbia una certa confusione in testa, ma lei però la perde, la testa! Non sa piú distinguere il normale dall'anormale! Lei mi ha scocciato con questo Galileo... me ne infischio, io, di Galileo!

DUDARD Ma se è stato proprio lei a tirarlo in ballo, a porre il problema, sostenendo che la pratica ha sempre l'ultima parola. Può anche darsi che sia vero, però si ricordi che la pratica deriva dalla teoria. Tutta la storia del pensiero e della scienza sta a dimostrarlo.

BERENGER (*sempre piú seccato*) Non sta a dimostrare un accidente! È tutto un rebus, una pazzia!

DUDARD Prima di tutto bisognerebbe stabilire che cos'è la pazzia...

BERENGER La pazzia è la pazzia, no?! La pazzia è semplicemente pazzia! Lo sanno tutti che cos'è la pazzia! E i rinoceronti, sono pratica o teoria?

DUDARD L'uno e l'altro.

BERENGER Come sarebbe a dire l'uno e l'altro?

DUDARD L'uno e l'altro o l'uno e l'altro. È da vedere.

BERENGER Allora a questo punto io... io mi rifiuto di pensare!

DUDARD Ecco, lei va subito in bestia. Stia a sentire: noi non abbiamo le stesse idee. Non c'è nulla di male, possiamo discuterle, tranquillamente; anzi, dobbiamo discuterle!

BERENGER (*atterrito*) Lei trova che vado in bestia? Mi sto comportando come Jean. Ah, no, non voglio diventare come Jean! Ah, no, non voglio. (*Si calma*) Non sono ferrato in filosofia. Non ho studiato, mentre lei ha due lauree. Ecco perché se la cava meglio nelle discussioni, mentre io non so piú cosa risponderle... sono impacciato, ecco! (*Rumori piú forti di rinoceronti che passano sotto la finestra del fondo, poi sotto quella di proscenio*). Però, sono sicuro che ha torto lei... lo sento, per istinto – o meglio – no, sono i rinoceronti che hanno l'istinto... io lo sento per intuito – ecco la parola – per intuito!

DUDARD Che cosa intende per intuito?

BERENGER Intuito significa... ma sí, « cosí ». E io sento, « cosí », che la sua tolleranza... questa eccessiva indulgenza, in realtà, mi creda, non è che debolezza... cecità!

DUDARD Questo è quello che pensa lei, ingenuamente.

BERENGER Oh, con me lei avrà sempre buon gioco. Ma le farò vedere: cercherò di rintracciare il filosofo e...

DUDARD Che filosofo?

BERENGER Ma sí, il filosofo, il pensatore, un filosofo, insomma. Sa che cos'è un filosofo no? È appunto uno di questi filosofi che mi ha spiegato...

DUDARD Che cosa le ha spiegato?

BERENGER Mi ha spiegato che i rinoceronti asiatici sono africani e che quelli africani, invece, sono asiatici.

DUDARD Non mi è molto chiaro.

BERENGER No, no... ci ha dimostrato il contrario, ossia che gli africani sono asiatici e che gli asiatici... mi spiego? Be', non è esattamente quello che volevo dire. In ogni modo, se la vedrà con lui. È un tipo come lei, uno in gamba, un intellettuale, sottile, erudito...

Rumori crescenti di rinoceronti. Le battute dei due sono sovrastate dal fragore dei pachidermi che passano sotto le due finestre. Per qualche istante Berenger e Dudard muovono le labbra senza che la loro voce si senta.

BERENGER Ancora loro! Ma non finirà mai! (*Corre verso la finestra del fondo: grida*) Basta! Basta! Schifosi!

I rinoceronti si allontanano. Berenger fa mimiche minacciose col pugno.

DUDARD (*seduto*) Lo conoscerò con piacere il suo filosofo. Se vorrà illuminarmi sui punti piú misteriosi, misteriosi e oscuri... Non domando di meglio, mi creda.
BERENGER (*corre verso la finestra di proscenio*) Certo: lo porterò qui e lui le parlerà. Vedrà, è una persona veramente eccezionale. (*Ai rinoceronti, alla finestra*) Schifosi!
DUDARD Li lasci correre! E sia piú educato. Non è il modo di parlare a delle creature...
BERENGER (*sempre affacciato alla finestra*) Eccone degli altri! (*Dalla fossa d'orchestra affiora una paglietta trapassata da un corno di rinoceronte che, da sinistra, sfila velocissima verso destra ove scompare*). Una paglietta infilata nel corno di un rinoceronte! Ah, ma quello è il cappello del filosofo! Il cappello del filosofo!! Merda! Merda! Il filosofo è diventato rinoceronte!
DUDARD Non è una ragione per essere volgare!
BERENGER Ah, Dio mio, di chi ci si può piú fidare! Di chi? Il filosofo un rinoceronte!
DUDARD (*va alla finestra*) Dov'è?
BERENGER (*lo indica col braccio*) Laggiú, vede: quello là!
DUDARD Già: è l'unico rinoceronte con il cappello. Questo le fa effetto. È proprio il suo filosofo!
BERENGER (*allibito*) Il filosofo un rinoceronte!
DUDARD Però ha conservato un'impronta della sua primitiva personalità!
BERENGER (*tende il pugno verso il rinoceronte con il cappello che ora è scomparso*) Io non vi seguirò! Non vi seguirò!
DUDARD Se, come lei afferma, era un autentico filosofo, non si sarà lasciato raggirare. Prima di fare la sua scelta avrà soppesato bene il pro e il contro.

BERENGER (*sempre alla finestra, grida, pugno teso verso i rinoceronti che si sono allontanati*) Non vi seguirò, maledetti!

DUDARD (*siede in poltrona*) Certo che queste cose dànno da pensare!

BERENGER (*chiude la finestra di proscenio e si dirige verso quella del fondo sotto la quale passano altri rinoceronti che, presumibilmente, girano intorno alla casa. Apre la finestra e grida*) No! Non vi seguirò, maledetti!

DUDARD (*tra sé*) Girano intorno alla casa. Giocano... sono proprio dei bambinoni!

Dalla precedente battuta, si vede Daisy che sale gli ultimi gradini della scala, a sinistra. Bussa alla porta di Berenger. Ha un cestino sottobraccio.

DUDARD Berenger: bussano, c'è qualcuno! (*Tira per la manica Berenger che è sempre alla finestra*).

BERENGER (*grida verso i rinoceronti*) È una vergogna! Un'ignobile mascherata!

DUDARD Bussano alla porta, Berenger, non sente?

BERENGER Apra lei, se ne ha voglia. (*Continua a guardare i rinoceronti che si allontanano*).

Dudard va ad aprire la porta.

DAISY (*entrando*) Buongiorno, signor Dudard.

DUDARD Oh, è lei, signorina Daisy!

DAISY Berenger è in casa? Va meglio?

DUDARD Buongiorno, signorina. Viene spesso da Berenger?

DAISY E dov'è?

DUDARD (*indicandolo*) Là.

DAISY Poveretto, non ha nessuno. È anche un po' malato, adesso, e bisogna dargli una mano, no?

DUDARD (*ironico*) Lei è veramente una brava collega, signorina.

DAISY Ma certo che sono una brava collega.

DUDARD E ha molto buon cuore.

DAISY Sono una brava collega e basta.

BERENGER (*si volta e lascia la finestra aperta*) Oh, cara signorina Daisy! È molto gentile da parte sua esser venuta a trovarmi. Un pensiero veramente gentile.

DUDARD (*ironico*) E come no?

BERENGER Ma sa che è successo, signorina? Il filosofo è diventato un rinoceronte!

DAISY Sí, lo so, l'ho visto per strada mentre venivo. Galoppava in fretta per uno della sua età! Ma, mi dica: sta meglio, signor Berenger?

BERENGER (*a Daisy*) Mah, la testa, sempre la testa. Mal di testa. È terribile. Che ne pensa lei!

DAISY Io penso che lei dovrebbe riposarsi... restare ancora in casa per qualche giorno, tranquillo, calmo...

DUDARD (*a Berenger e a Daisy*) Spero di non darvi fastidio!

BERENGER (*a Daisy*) Parlavo del filosofo...

DAISY (*a Dudard*) E perché mai dovrebbe darci fastidio? (*A Berenger*) Ah, il filosofo. Mah... che vuole che le dica... non so proprio che cosa pensare.

DUDARD (*a Daisy*) Forse sono di troppo...

DAISY (*a Berenger*) Cosa vuole che pensi? (*A Berenger e a Dudard*) E poi ho un'altra notizia da darvi: Botard è diventato un rinoceronte.

DUDARD No!

BERENGER Non è possibile! lui era contrario... lei lo confonde con qualcun altro... aveva persino protestato... Dudard me l'ha assicurato poco fa, vero Dudard?

DUDARD Certo.

DAISY Sí, lo so che era contrario. Ma è diventato lo stesso un rinoceronte, ventiquattr'ore dopo la trasformazione del signor Papillon.

DUDARD Avrà cambiato idea! Tutti hanno diritto di cambiare idea.

BERENGER Ma allora... allora ci si può aspettare di tutto!

DUDARD (*a Berenger*) Poco fa lei lo giudicava una brava persona.

BERENGER (*a Daisy*) Non riesco a crederci. Le hanno mentito.

DAISY No: è successo davanti a me.

BERENGER Ma allora è lui che ha mentito, che ha fatto finta...

DAISY No, no, era sincero... faceva sul serio.

BERENGER E le ha dato qualche spiegazione?

DAISY Ha detto testualmente: « Bisogna seguire il proprio tempo! » Sono state le sue ultime parole umane!

DUDARD (*a Daisy*) Ero quasi sicuro di trovarla qui, signorina Daisy.

BERENGER ... seguire il proprio tempo! Ah, che mentalità! (*Ampio gesto di disapprovazione*).

DUDARD (*a Daisy*) Dopo la chiusura dell'ufficio non mi è stato possibile incontrarla in nessun posto.

BERENGER (*c. s.*) Che ingenuità!

DAISY (*a Dudard*) Se voleva vedermi, poteva telefonarmi!

DUDARD (*a Daisy*) Io sono discreto, signorina, molto discreto...

BERENGER Be', ripensandoci, il colpo di testa di Botard non mi stupisce. In fondo la sua forza morale era tutta apparenza. Questo, naturalmente, non significa che non sia, o non sia stato, un uomo onesto. Le persone oneste diventano onesti rinoceronti. È proprio perché sono in buona fede che si lasciano ingannare!

DAISY (*esegue*) Mi scusi... poso il cestino sul tavolo.

BERENGER Era un brav'uomo, ma pieno di rancori...

DUDARD (*a Daisy, aiutandola a posare il cestino*) Mi scusi, ci scusi... avremmo dovuto pensarci noi.

BERENGER ... è stato travolto dall'odio per i superiori, da un complesso d'inferiorità...

DUDARD (*a Berenger*) Il suo ragionamento non regge: Botard ha seguito l'esempio del suo capufficio, il « simbolo stesso dello sfruttamento », per usare le sue parole. Invece mi pare che, nel suo caso, sia una vittoria dell'istinto collettivistico sulle sue tendenze anarcoidi.

BERENGER Gli anarchici sono i rinoceronti, dato che si tratta di una minoranza.

DUDARD Per ora sono in minoranza...

DAISY Eh, sí, è una minoranza numerosa, in aumento. Anche mio cugino è diventato rinoceronte... e sua moglie. Per non parlare di tutte le personalità: il cardinale di Retz...

DUDARD Un presule!

DAISY Mazarino...

DUDARD Vedrete che si estenderà anche all'estero.

BERENGER E pensare che il male è partito proprio di qui!

DAISY ... e anche degli aristocratici: il duca di Saint-Simon.

BERENGER (*braccia al cielo*) I nostri classici!

DAISY ... e tanti altri. Molti altri. Forse un quarto dell'intera popolazione della città.

BERENGER Non importa! Siamo ancora i piú forti! Dobbiamo approfittarne! Far qualcosa prima di essere sopraffatti!

DUDARD Ma loro sono efficienti... molto efficienti...

DAISY Per ora sarebbe meglio far colazione. Ho portato qualcosa da mangiare.

BERENGER Molto gentile, signorina.

DUDARD (*tra sé*) Sí, molto gentile.

BERENGER (*a Daisy*) Non so come ringraziarla.

DAISY (*a Dudard*) Vuol fare colazione con noi?

DUDARD Grazie, ma non vorrei essere di troppo...

DAISY (*a Dudard*) Ma che dice, signor Dudard? Sa benissimo che ci farà piacere.

DUDARD Sa benissimo che non voglio disturbare...

BERENGER (*a Dudard*) Ma certo, Dudard, la prego. La sua compagnia è sempre un piacere per noi.

DUDARD Il fatto è che ho fretta... un appuntamento...

BERENGER Ma se prima aveva detto che era libero?

DAISY (*toglie le provviste dal cestino*) Sa, non è stato facile trovar da mangiare. Molti negozi sono devastati: divorano tutto! E gli altri sono chiusi « Per trasformazioni », cosí è scritto sui cartelli.

BERENGER Dovrebbero chiuderli in recinti, oppure imporre loro un domicilio coatto.

DUDARD Non mi pare possibile applicare questi provvedimenti. E poi la Società protettrice degli animali sarebbe la prima ad opporsi.

DAISY Eh, già. Senza contare che ormai ognuno ha un amico o un familiare tra i rinoceronti e questo complica ancora le cose.

BERENGER Ma allora sono tutti d'accordo!

DUDARD Be', sono tutti solidali.

BERENGER Ma come si fa a essere rinoceronte? È una cosa impensabile, impensabile! (*A Daisy*) Vuole che l'aiuti a preparare la tavola?

DAISY (*a Berenger*) Non si disturbi: so dove sono i piatti. (*Si dirige verso un mobile e ritorna con i piatti in mano*).

DUDARD (*tra sé*) Guarda, guarda: conosce bene la casa...

DAISY (*a Dudard*) Allora, metto tre piatti? Lei resta con noi?

BERENGER (*a Dudard*) Ma sí, resti, resti!

DAISY (*a Berenger*) Eppure ci si abitua, sa? Piú nessuno fa caso ai branchi di rinoceronti che passano per le strade a gran carriera. I passanti si scansano, poi riprendono la loro passeggiata e fanno gli affari loro come se niente fosse.

DUDARD È l'unica cosa da fare.

BERENGER Ah, no! Io non mi abituerò mai!

DUDARD (*riflettendo*) Mi domando se non sia un'esperienza da tentare.

DAISY Be', adesso mangiamo.

BERENGER Ma come, proprio lei, un giurista, venirmi a sostenere che... (*Dall'esterno, rumore di un branco di rinoceronti in rapido galoppo, e suoni di trombe e tamburi*). Che succede? (*Corrono tutti alla finestra di proscenio*). Ma che succede? (*Fracasso di un muro che crolla. La polvere invade metà palcoscenico: se è possibile, i personaggi saranno nascosti dalla polvere. Li si sentirà parlare*). Non si vede piú niente: che cosa succede?

DUDARD Non si vede, ma si sente.

BERENGER Non basta!

DAISY Santo cielo! Questa polvere sporcherà tutti i piatti.

BERENGER Che mancanza d'igiene!

DAISY Sbrighiamoci a mangiare. Non pensiamo piú a queste cose.

Il polverone si disperde.

BERENGER (*indica con il braccio verso il pubblico*) Hanno demolito la caserma dei pompieri!

DUDARD Ma è vero: l'hanno demolita!

DAISY (*che si era allontanata e si trovava vicino al tavolo intenta a pulire un piatto, accorre presso i due*) Guardate! Escono!

BERENGER Tutti i pompieri! Sono tutti dei rinoceronti! Un reggimento di rinoceronti con la banda in testa!

DAISY Sfilano sul viale!...

BERENGER È la fine, la fine!

DAISY ... altri rinoceronti escono dai portoni!

BERENGER ... dalle case...

DUDARD ... persino dalle finestre...

DAISY ... e raggiungono gli altri!

Si vede uscire dal pianerottolo a sinistra un uomo che scende le scale correndo; poi un secondo, che ha un grande corno sopra il naso, quindi una donna con la testa di rinoceronte.

DUDARD Ormai sono la maggioranza.

BERENGER Quanti unicorni e quanti bicorni ci saranno?

DUDARD Già: scommetto che gli studiosi di statistica stanno statisticando in merito. Che magnifica occasione per delle controversie scientifiche!

BERENGER La percentuale degli uni e degli altri potrà essere soltanto approssimativa... Non hanno tempo, non avranno piú tempo di contarli!

DAISY A me pare che la cosa piú ragionevole sia di lasciare gli statistici alle loro statistiche. Coraggio, caro Berenger, venga a tavola. Le farà bene: servirà a calmarle i nervi. (*A Dudard*) E farà bene anche a lei.

Si ritirano dalla finestra. Berenger, condotto per mano da Daisy, si avvicina al tavolo.

DUDARD (*si arresta a metà scena*) Ecco... non ho molta fame, e poi non mi piace la roba in scatola. Avrei voglia di mangiare sull'erba, in campagna.

BERENGER Per carità, non lo faccia! Non sa che rischio corre?

DUDARD Davvero, non voglio disturbare.

BERENGER Ma se le abbiamo detto che...

DUDARD (*interrompendo*) Senza complimenti.

DAISY (*a Dudard*) Be', se proprio vuole andarsene, non possiamo obbligarla a...

DUDARD Non voglio offendervi, ma...

BERENGER (*a Daisy*) No! Non lo lasci andare, non lo lasci!

DAISY Per me, se rimane mi fa piacere, ma ognuno è libero di...

BERENGER (*a Dudard*) L'uomo è superiore al rinoceronte!

DUDARD Non lo nego. Ma neanche lo affermo. Non lo so, solo l'esperienza ce lo dirà!

BERENGER (*a Dudard*) Anche lei, anche lei!!... Lei è un debole, Dudard! Mi ascolti!... è un entusiasmo passeggero... se ne pentirà!

DAISY Sí, certo, è un entusiasmo passeggero, il pericolo non è grave!

DUDARD Ma io ho degli scrupoli! Il dovere m'ingiunge di seguire i miei superiori e i miei amici nella buona e nella cattiva sorte.

BERENGER Ma non li ha mica sposati!

DUDARD Ho rinunciato a sposarmi: preferisco la grande famiglia degli uomini a una piccola famiglia privata.

DAISY (*stancamente*) La rimpiangeremo molto, Dudard, ma non possiamo farci niente.

DUDARD Sento che è mio dovere non abbandonarli... seguo la voce del dovere!

BERENGER No! Il suo dovere invece è di... ma come non capisce qual è il suo vero dovere!... È suo dovere resistere lucidamente, fermamente.

DUDARD (*comincia a girare in tondo sul palcoscenico*) Conserverò la mia lucidità. Tutta la mia lucidità. Se c'è da criticare, è meglio farlo dall'interno che dall'esterno. Non li abbandonerò, non posso abbandonarli!

DAISY Ha buon cuore!

BERENGER Ha troppo buon cuore. (*A Dudard che si precipita verso la porta*) Lei ha troppo buon cuore, lei è umano! (*A Daisy*) Lo fermi! È umano!

DAISY Che posso farci!

Dudard apre la porta e fugge. Lo si vede scendere le scale di corsa, seguito da Berenger che gli grida, dal pianerottolo.

BERENGER Dudard! Si fermi! Torni indietro! Le vogliamo bene, non ci vada!... Troppo tardi! (*Rientra in casa*) Troppo tardi!

DAISY Non potevamo farci niente. (*Chiude la porta*).

BERENGER (*si precipita alla finestra*) Li ha raggiunti... dove sarà adesso?

DAISY (*sopraggiunge*) Con loro.

BERENGER Ma quale sarà?

DAISY E chi lo sa? Non si può già piú riconoscerlo.

BERENGER Sono tutti uguali, tutti uguali! (*A Daisy*) Ha ceduto. Avrebbe dovuto trattenerlo, ad ogni costo!

DAISY Non ho osato.

BERENGER Avrebbe dovuto essere piú decisa, avrebbe dovuto insistere, era innamorato di lei, vero?

DAISY Non mi ha mai fatto una dichiarazione ufficiale.

BERENGER Tutti lo sapevano. L'ha fatto per una delusione d'amore! Era un timido! Ha voluto fare un gesto clamoroso per impressionare lei. Non le vien voglia di seguirlo?

DAISY Ma niente affatto. Come vede, sono rimasta.

BERENGER (*guarda dalla finestra*) Non ci sono piú che loro, in strada! (*Si precipita alla finestra del fondo*) Soltanto loro! Perché non è andata anche lei, Daisy? (*Guarda ancora dalla finestra di proscenio*) Non un essere umano a vista d'occhio... sono padroni delle strade... unicorni, bicorni, misti, nient'altro che li distingua!

Si sente il galoppo dei rinoceronti. Questi rumori, però, sono ora piú musicali. Sul muro del fondo appaiono e scompaiono alcune teste di rinoceronte stilizzate, che verso la fine della commedia diventeranno sempre piú numerose. Le teste verranno proiettate sul muro per tratti via via piú lunghi, e alla fine la proiezione diverrà fissa. Inoltre queste teste dovranno diventare sempre piú belle, malgrado l'apparenza mostruosa.

BERENGER Non è delusa, Daisy? Davvero? Non ha rimpianti?

DAISY Oh, no, no.

BERENGER Vorrei tanto consolarla... Ti amo, Daisy, non lasciarmi!

DAISY Chiudi la finestra, caro. Fanno troppo fracasso. E poi la polvere arriva fin qui. Ci sporcherà tutta la casa.

BERENGER Sí, hai ragione. (*Chiude la finestra di proscenio, mentre Daisy chiude quella del fondo. Ritornano al centro del palcoscenico*). Finché staremo insieme, niente mi fa paura, tutto mi è indifferente. Ah, Daisy, non avrei mai pensato di innamorarmi cosí! (*Le stringe le mani, le braccia*).

DAISY Vedi? Tutto è possibile.

BERENGER Come vorrei farti felice! Sarai felice con me?

DAISY E perché no? Se tu lo sei, lo sono anch'io. Dici che non hai paura di niente, e invece hai paura di tutto. Cosa vuoi che ci succeda?

BERENGER (*balbettando*) Amore, tesoro! Tesoro, amore... dammi le tue labbra, non pensavo che avrei mai piú potuto innamorarmi cosí. (*Le stringe le mani, le braccia*).

DAISY Su, cerca di esser calmo, abbi fiducia in te stesso.

BERENGER Sí, sí... sono calmo... dammi le tue labbra!

DAISY Caro, sono tanto stanca. Calmati, riposati. Mettiti in poltrona.

BERENGER (*va a sedersi in poltrona, guidato da Daisy*) Certo, non valeva proprio la pena che Dudard litigasse con Botard.

DAISY Non pensar piú a Dudard. Ora ci sono io vicino a te. In fondo, non abbiamo il diritto di intervenire nella vita degli altri.

BERENGER Perché? Tu, per esempio, intervieni nella mia. E sai anche importi, con me.

DAISY È un'altra cosa, non ho mai amato Dudard.

BERENGER Sí, ti capisco. Se fosse rimasto qui, sarebbe stato un ostacolo per noi. Eh, sí, la felicità è egoista.

DAISY Dobbiamo difendere la nostra felicità, non è vero?

BERENGER Ti adoro, Daisy. E ti ammiro.

DAISY Forse, quando mi conoscerai meglio, non me lo dirai piú.

BERENGER Perché? Piú ti conosco e piú mi piaci. Sei cosí bella, cosí bella! (*Rumori di un nuovo passaggio di rinoceronti*). Soprattutto se ti paragono a quelli... (*Indica la finestra*) Tu mi dirai che non è un complimento, ma, vedi, di fronte a loro la tua bellezza risalta ancora di piú!

DAISY Hai mantenuto la promessa, oggi? Non hai bevuto cognac?

BERENGER Sí, sí, ho tenuto la promessa.

DAISY Sul serio?

BERENGER Ma sí, ti assicuro.

DAISY Devo crederti?

BERENGER (*un po' confuso*) Ma certo che devi credermi.

DAISY Allora puoi berne un bicchierino. Ti farà bene. (*Berenger si alza di scatto*). No, stai pure seduto, caro. Dov'è la bottiglia?

BERENGER (*indica con il braccio il tavolino*) Là, sul tavolino.

DAISY (*va verso il tavolino e prende la bottiglia e un bicchiere*) L'hai nascosta bene.

BERENGER L'ho fatto per evitare la tentazione.

DAISY (*versa un bicchierino e lo passa a Berenger*) Sei proprio di carattere. Fai dei progressi.

BERENGER Con te farò molti progressi.

DAISY (*dà il bicchiere a Berenger*) Bevi, te lo sei proprio meritato.

BERENGER (*vuota il bicchiere di colpo*) Grazie, cara. (*Tende ancora il bicchiere vuoto*).

DAISY Ah, no, caro. Basta per stamattina. (*Prende il bicchiere e lo ripone con la bottiglia sul tavolo*) Non vorrei che ti facesse male. (*Ritorna vicino a Berenger*) E il mal di testa, come va?

BERENGER Molto meglio, amore.

DAISY Allora possiamo togliere questa benda. Non ti sta molto bene, sai?

BERENGER No! Non toccarla!

DAISY Ma sí, adesso la togliamo.

BERENGER No! Ho paura che ci sia qualcosa sotto...

DAISY (*toglie la benda vincendo l'opposizione di Berenger*) Sempre le tue paure, le tue angosce. Vedi? Non c'è proprio niente. La tua fronte è perfettamente liscia.

BERENGER (*si tasta la fronte*) Sí, è vero! Ah, tu mi liberi da tutti i complessi! (*Daisy lo abbraccia e gli dà un bacio in fronte*). Come sarei finito senza di te!

DAISY Non ti lascerò mai piú solo.

BERENGER Con te non avrò mai piú degli incubi.

DAISY Sí, vedrai che riuscirò a farli sparire.

BERENGER Leggeremo dei libri insieme. Mi farò una cultura.

DAISY E nelle ore di minor traffico, faremo delle lunghe passeggiate.

BERENGER Sí, sulle rive della Senna, al parco del Luxembourg.

DAISY Al giardino zoologico.

BERENGER Sarò forte e coraggioso. Anch'io ti proteggerò contro tutti i malvagi.

DAISY Non ci sarà nessun bisogno di proteggermi, caro. Non ce l'abbiamo con nessuno e nessuno ce l'ha con noi.

BERENGER Spesso si fa del male senza volerlo. Oppure non facciamo niente per evitarlo. Vedi, per esempio, a te non piaceva quel povero signor Papillon. Però, quel giorno che Bœuf si è trasformato in rinoceronte, non avresti dovuto dirgli che aveva le mani rugose.

DAISY E perché? Era vero: erano proprio rugose.

BERENGER Ci credo, ci credo. Però avresti potuto dirglielo meno brutalmente, con un po' piú di tatto. È rimasto scosso.

DAISY Credi?

BERENGER Si capisce. Ha fatto finta di niente perché è un uomo che ha dell'amor proprio, ma nel suo intimo ne ha sofferto. Anzi, probabilmente è stato proprio questo a precipitare gli eventi. Chissà! Forse avresti potuto salvare un'anima!

DAISY Ma come potevo prevedere quel che gli sarebbe successo. È stato maleducato!

BERENGER Da parte mia, non posso perdonarmi di esser stato cosí poco tollerante con Jean. Non sono mai riuscito a dimostrargli tutta la mia amicizia. E non sono stato abbastanza comprensivo con lui.

DAISY Non stare a tormentarti. Hai fatto del tuo meglio. Non si può pretendere l'impossibile. I rimorsi non servono. Non pensar piú a quelli là, cerca di dimenticarli: metti via i brutti ricordi.

BERENGER Sono ancora troppo vivi questi ricordi, troppo vicini... Sono reali.

DAISY Non ti credevo cosí realista, ti credevo molto piú poetico. Non hai un po' di fantasia? Vedi: ci sono tante realtà diverse. Scegli quella che ti piace di piú. Cerca di evadere nella fantasia.

BERENGER Facile a dirsi!...

DAISY Non ti basto, io?

BERENGER Oh, sí, ampiamente, ampiamente!

DAISY Tu ti rovini la vita con i tuoi casi di coscienza. Tutti, forse, hanno la loro parte di colpa. Eppure a me pare che noi due siamo meno colpevoli di molti altri.

BERENGER Credi proprio?

DAISY Sí, siamo relativamente migliori di tanta gente. Siamo buoni, tutti e due.

BERENGER È vero: tu sei buona. E anch'io sono buono! È vero.

DAISY Vedi che allora abbiamo il diritto di vivere, anzi, abbiamo il dovere, di fronte a noi stessi, di essere felici indipendentemente da tutto. Il complesso di colpa è un sintomo pericoloso. Significa che non siamo innocenti.

BERENGER Certo, questo può portare a... (*Indica col braccio le due finestre sotto le quali passano i rinoceronti, poi la parete di fondo sulla quale appare una testa di rinoceronte*) Molti di loro hanno cominciato cosí!

DAISY Sí, sforziamoci di non sentirci piú colpevoli!

BERENGER Hai ragione, tesoro, angelo mio! Siamo insieme, no? E nessuno potrà separarci. Non c'è che il nostro amore, non c'è che questo di vero! Nessuno ha il diritto di impedirci di essere felici! (*Suona il telefono*). Chi può essere?

DAISY (*con timore*) No! Non rispondere!

BERENGER Perché?

DAISY Non so... forse è meglio.

BERENGER Magari può essere il signor Papillon, o Botard, o Jean, o Dudard che ci avvisano di aver cambiato idea... L'hai detto anche tu che il loro era soltanto un entusiasmo passeggero!

DAISY Non credo. Non possono aver cambiato idea cosí presto. Non hanno avuto il tempo di riflettere. Vedrai che andranno fino in fondo.

BERENGER E allora... forse sono le autorità che hanno deciso di agire... che lanciano un appello perché collaboriamo alle misure di sicurezza!

DAISY Mi stupirebbe.

Nuovo squillo del telefono.

BERENGER Ma sí, certo: è il centralino delle autorità, lo riconosco! Uno squillo lungo. Devo rispondere al loro appello. Sono proprio loro! (*Stacca il ricevitore*) Pronto? (*Come risposta si sentono, provenienti dal ricevitore, dei barriti*). Senti? Dei barriti! Ascolta...

DAISY (*accosta il ricevitore all'orecchio, sussulta, e riaggancia con violenza. Con terrore*) Ma che sta succedendo?

BERENGER Adesso ci fanno anche gli scherzi!

DAISY Scherzi di cattivo gusto!

BERENGER Vedi? Te l'avevo detto, io!

DAISY Non mi avevi detto un bel niente!

BERENGER Me l'aspettavo, l'avevo previsto!

DAISY Non avevi previsto niente. Non prevedi mai niente. Prevedi solo le cose quando sono già successe.
BERENGER No, no, ti assicuro che io le sento, le cose...
DAISY Però, non sono gentili. È una cosa veramente antipatica. Non mi piace esser presa in giro.
BERENGER Non oserebbero prenderti in giro. Prendono in giro me.
DAISY Sí, ma siccome sono con te, è chiaro che ce l'hanno anche con me. Si vendicano. Ma che cosa gli abbiamo fatto? (*Nuovo squillo del telefono*). Basta! Strappa il filo!
BERENGER Non si può! È proibito!
DAISY Ah, tu! Dici di proteggermi e poi non osi far niente! (*Strappa con violenza il filo*).

La suoneria cessa.

BERENGER (*corre verso la radio*) Accendiamo la radio, sentiamo le notizie!
DAISY Sí, bisogna sapere a che punto siamo.

Dalla radio provengono dei barriti. Berenger sposta il pulsante. La radio si spegne. Si sentono ancora, come in lontananza, gli echi dei barriti trasmessi.

DAISY Ma andiamo di male in peggio! Non mi va questa storia, non riesco a capire! (*Trema*).
BERENGER (*agitatissimo*) Calma! Calma!
DAISY Hanno occupato la stazione radio!
BERENGER (*tremante e agitato*) Calma! Calma! Calma!

Daisy corre verso la finestra del fondo. Guarda fuori, poi si sposta verso quella di proscenio. Berenger fa le stesse cose in senso opposto, poi si ritrovano entrambi in mezzo alla scena, di fronte.

DAISY Ma questo non è piú uno scherzo, fanno sul serio, adesso!

BERENGER Sí, ci sono solo loro! Solo loro! Le autorità sono passate dalla loro parte!

Corrono come sopra alle due finestre. Poi s'incontrano nuovamente al centro della scena.

DAISY Non c'è piú nessuno, da nessuna parte!
BERENGER Siamo soli... siamo rimasti soli!
DAISY Era quello che volevi.
BERENGER Tu lo volevi!
DAISY Io? No, eri tu!
BERENGER Tu!

Rumori da tutte le parti. Le teste di rinoceronte ora pullulano sul muro di fondo. Nella casa, da destra e da sinistra, si sentono passi affrettati e ansimare di pachidermi. Tutti questi orribili rumori sono ora come musicalizzati, ritmati. Soprattutto dal piano superiore, provengono rumori e trapestio forti. Dello stucco cade dal soffitto. La casa sussulta.

DAISY La terra trema! (*Non sa dove fuggire*).
BERENGER No, sono i nostri vicini, i perissodattili! (*Fa mimiche con il pugno a destra e a sinistra*) Basta! Finitela! Non ci lasciate lavorare! I rumori molesti sono vietati! Proibito far fracasso!
DAISY È inutile, non ti ascoltano.

Il fracasso però decresce e diventa come un sottofondo musicale.

BERENGER (*atterrito*) Non aver paura, amore. Siamo insieme... non stai bene qui con me? Non ti basto, io? Terrò lontani da te tutti gli incubi.
DAISY Forse la colpa è nostra.
BERENGER No, tesoro, non pensarci piú. Non devi avere rimorsi. Il complesso di colpa è pericoloso. Viviamo la nostra vita, siamo felici! Abbiamo il diritto di essere felici! Non sono cattivi, vedi? e poi non gli facciamo

niente... Ci lasceranno in pace. Calmati, riposati. Siediti lí in poltrona. (*La guida verso la poltrona*) Siediti. (*Daisy siede in poltrona*). Vuoi un bicchierino di cognac per tirarti su?

DAISY No, ho mal di testa.

BERENGER (*prende la benda che aveva all'inizio della scena e l'avvolge intorno alla testa di Daisy*) Ti amo, tesoro. Non aver paura: la smetteranno! È una cosa passeggera.

DAISY No, non la smetteranno! Continueranno sempre!

BERENGER Ti amo, ti amo alla follia!

DAISY (*toglie la fascia*) Succeda quel che vuole. Cosa possiamo farci?

BERENGER Mah... sono tutti impazziti, anche il mondo è malato: sono tutti malati.

DAISY Già, ma non saremo noi a guarirli.

BERENGER Come faremo a vivere con loro?

DAISY (*ragionando*) Bisogna essere ragionevoli. Dobbiamo trovare un modus vivendi, cercare di farci capire da loro...

BERENGER Non possono capirci.

DAISY Ma è necessario! Non c'è altra via d'uscita!

BERENGER Tu riesci a capirli?

DAISY Non ancora. Ma dobbiamo sforzarci di capire la loro psicologia, di imparare la loro lingua.

BERENGER Ma non è una lingua! Ascolta... ti pare che sia una lingua?

DAISY Che ne sai? Non sei mica un poliglotta!

BERENGER Ne riparleremo piú tardi. Adesso dobbiamo far colazione.

DAISY Non ho fame. Basta! Non resisto piú!

BERENGER Ma tu sei piú forte di me... non vorrai lasciarti impressionare. Io ti ammiro proprio per la tua forza d'animo!

DAISY Me l'hai già detto.

BERENGER Sei sicura del mio amore?

DAISY Ma sí!

BERENGER Ti amo.

DAISY Continui a ripeterti, tesoro.

BERENGER Ascoltami, Daisy: qualcosa possiamo fare!

Avremo dei bambini, i nostri bambini a loro volta avranno dei bambini... ci vorrà del tempo, d'accordo, ma in due potremo rigenerare l'umanità.

DAISY Come? Rigenerare l'umanità?

BERENGER L'hanno già fatto una volta.

DAISY Sí, al tempo di Adamo ed Eva... Avevano del coraggio, però!

BERENGER Anche noi dobbiamo farci coraggio. Non ce ne vuole poi tanto. Son cose che vanno avanti da sé, e col tempo e con la pazienza...

DAISY (*interrompe*) Ma a che serve?

BERENGER Un po' di coraggio: ci vuole solo un po' di coraggio!

DAISY Non voglio aver bambini. È una seccatura.

BERENGER Ma allora, come potrai salvare l'umanità?

DAISY E perché dovrei salvarla?

BERENGER Che domanda! Fallo per me, Daisy. Salviamo il mondo!

DAISY E chi ti dice che non siamo noi che abbiamo bisogno di essere salvati? Forse gli anormali siamo proprio noi!

BERENGER Tu stai delirando, Daisy. Hai la febbre.

DAISY Perché? Ne vedi degli altri, tu, della nostra specie?

BERENGER Daisy: ti proibisco di dire certe cose!

DAISY (*si guarda intorno e vede rinoceronti ovunque: sulle pareti, alla porta d'entrata, anche sulle scale*) Guarda! Sono loro l'umanità! Sono cosí allegri... si sentono cosí bene nella loro pelle! Non hanno affatto l'aria di essere pazzi. Sono normalissimi. E hanno tutte le ragioni.

BERENGER (*stringendo le mani, guarda Daisy con sgomento*) Siamo noi che abbiamo ragione, Daisy! Siamo noi!

DAISY Oh, che pretesa!

BERENGER Sai benissimo che ho ragione io.

DAISY Non esiste una ragione assoluta. La ragione è sempre della maggioranza, noi non contiamo niente!

BERENGER No Daisy, ho ragione io. E lo dimostra il fatto che quando ti parlo tu mi capisci.

DAISY Questo non dimostra niente.

BERENGER La prova è che ti amo come un uomo ama una donna.

DAISY E questo che c'entra?

BERENGER Ma io non ti capisco piú, Daisy! Amore, non sai piú quello che dici! L'amore, Daisy, l'amore, il nostro amore?...

DAISY Mi vergogno un poco di questo cosiddetto amore... questo sentimento morboso, questa debolezza dell'uomo. E anche della donna. Come puoi paragonarlo con l'ardore, la straordinaria energia che emana da questi esseri che ci circondano?

BERENGER Energia? Ah, vuoi dell'energia, tu? Tieni, eccoti dell'energia! (*Le dà uno schiaffo*).

DAISY Ah, non avrei mai creduto... (*Si abbandona piangendo sulla poltrona*).

BERENGER Oh, scusami, tesoro, perdonami! (*Tenta di abbracciarla, ma lei si scosta*) Non so proprio come sia successo, ho perso la testa!

DAISY È chiaro: non sapevi piú che cosa dire...

BERENGER Dio mio! In pochi minuti abbiamo vissuto venticinque anni di matrimonio.

DAISY Anche tu mi fai pena: ti capisco, sai.

BERENGER (*mentre Daisy piange*) Eh, sí, è proprio vero: non so piú che cosa dire! Tu pensi che siano piú forti di me, piú forti di noi.

DAISY Certo.

BERENGER Ebbene, malgrado tutto, ti giuro che non mi arrenderò mai, non mi arrenderò mai, io!

DAISY (*si alza e va verso Berenger. Lo abbraccia*) Povero amore, resisterò con te, fino alla fine!

BERENGER Davvero? Ci riuscirai?

DAISY Ti do la mia parola. Abbi fiducia in me. (*Rumori di rinoceronti. Sono melodiosi e musicali*). Li senti? Cantano.

BERENGER No, non cantano: barriscono.

DAISY Cantano!

BERENGER Ti dico che barriscono.

DAISY Ma sei pazzo: cantano!

BERENGER Allora non hai orecchio!

DAISY Tu non capisci niente di musica, povero amore, e poi, guarda: giocano, ballano.

BERENGER Lo chiami un ballo, questo?

DAISY È il loro modo di ballare. Come sono belli!

BERENGER Sono orrendi!

DAISY Non ti permetto di insultarli. Mi offendi!

BERENGER Scusa. Non vorrai che ci mettiamo a litigare per loro?

DAISY Sono meravigliosi, divini!

BERENGER Ma Daisy, esageri: guardali bene!

DAISY Non esser geloso, tesoro. Perdonami anche tu. (*Va verso Berenger per abbracciarlo, ma ora è lui che si scosta*).

BERENGER Devo constatare che le nostre idee sono assolutamente all'opposto. Finiamola di discutere!

DAISY Che mentalità meschina!

BERENGER Che mentalità stupida!

DAISY (*a Berenger che, voltandole la schiena, si osserva allo specchio, si squadra con attenzione*) La vita in comune non è piú possibile. (*Mentre Berenger continua a guardarsi, si dirige adagio verso la porta, dicendo*) Sei cattivo con me, sei proprio cattivo! (*Va via. La si vede scendere lentamente la scala*).

BERENGER (*sempre guardandosi allo specchio*) In fondo un uomo non è poi tanto brutto! E dire che come uomo non sono una bellezza. Credimi, Daisy! (*Si volta e non la vede*) Daisy! Daisy! Dove sei, Daisy? Non farai anche tu questa pazzia! (*Si lancia verso la porta, gridando*) Daisy! (*Giunto al pianerottolo, si sporge dalla ringhiera*) Daisy! Torna indietro, Daisy! Non hai neanche mangiato... Daisy, non lasciarmi! Me lo avevi promesso! Daisy! Daisy!... (*Rinuncia a chiamarla. Con un gesto di disperazione, rientra nella stanza*) Naturalmente. È logico. Non ci si capiva piú... una coppia disunita... non era piú possibile tirare avanti, cosí... Ma non avrebbe dovuto lasciarmi senza una spiegazione... (*Si guarda intorno*) Se n'è andata cosí, senza una parola... Non è il modo di fare! E adesso sono proprio solo.

(*Va a chiudere la porta a chiave, con cura, ma con rabbia*) Ma non mi arrendo! (*Chiude con cura le finestre*) Avete capito? Non mi arrendo! (*Si rivolge a tutte le teste di rinoceronte*) Non vi seguirò mai, non vi capisco! Resterò quello che sono... Sono un essere umano. Un essere umano! (*Va a sedersi in poltrona*) Ah, che situazione impossibile! È colpa mia se lei se ne è andata. Ero tutto, per lei... che le succederà, adesso?! Ah... ancora una persona sulla coscienza! Devo immaginarmi il peggio, perché il peggio è possibile... Povera bambina abbandonata in questo mondo di mostri! Nessuno può aiutarmi a ritrovarla, nessuno, perché non c'è piú nessuno! (*Nuovi barriti, corse sfrenate, nuvole di polvere*). Non voglio sentirli... Meglio mettere del cotone nelle orecchie. (*Si mette del cotone nelle orecchie e si parla da solo allo specchio*) Non c'è altra via che tentare di convincerli... già, ma convincerli di che? E queste metamorfosi, saranno reversibili? Eh? Saranno reversibili?... Sarebbe una fatica d'Ercole, al di sopra delle mie possibilità. E, prima di tutto, per convincerli, bisognerebbe parlare con loro... Ma per parlare, dovrei imparare la loro lingua... O forse loro impareranno la mia?... Ma che lingua parlo, io? Qual è in realtà la mia lingua? È italiano, questo? Sí, dev'essere italiano. Ma che cos'è poi l'italiano? Possiamo anche chiamarlo italiano, se vogliamo, tanto nessuno può contraddirmi: sono solo a parlare. Ma che sto dicendo? Che dico? Riesco ancora a capirmi, poi? (*Va verso il centro della stanza*) E se, come diceva Daisy, fossero proprio loro ad aver ragione? (*Si volta verso lo specchio*) Eppure un uomo non è brutto, un uomo non è brutto! (*Si osserva, passandosi la mano sulla faccia*) Che strano essere, però! Chissà mai a che cosa assomiglio... (*Si precipita verso uno scaffale e ne estrae delle fotografie che sfoglia febbrilmente*) Fotografie! Ma chi sono tutti questi tipi?! Il signor Papillon, oppure Daisy? E questo qua? Sarà Botard? Dudard? Jean? Che sia io?... (*Si precipita di nuovo verso lo scaffale e ne estrae due o tre ritratti*) Sí, adesso mi riconosco: sono io! io! io!

(*Va ad appendere il ritratto sulla parete di fondo tra le teste di rinoceronte*) Sono io! Sono proprio io!

Mentre l'appende, vediamo che i ritratti raffigurano un vecchio, una donna grassa e un altro uomo. La bruttezza delle persone ritratte contrasta ora con le teste dei rinoceronti che sono diventate molto belle.

BERENGER (*fa un passo indietro per osservare meglio i quadri*) No, non sono bello, non sono per niente bello! (*Stacca i quadri, li getta per terra con ira, va verso lo specchio*) Sono loro che sono belli! Avevo torto! Ah, vorrei essere come loro! Non ho niente in testa, neanche un corno! Com'è brutta la mia fronte cosí piatta, liscia... ci vorrebbero un corno o due, cosí anche i miei tratti risalterebbero meglio... Chissà, forse spunteranno, e allora non mi sentirò piú cosí umiliato, potrò andare a raggiungerli... Ma no... le corna non spuntano... (*Si guarda le palme delle mani*) Le mie mani sono sudate... che schifo! Chissà se diventeranno grosse, rugose... (*Si toglie la giacca, sbottona la camicia, osserva il petto allo specchio*) Ho la pelle tutta flaccida. Ah, questo corpo cosí bianco e peloso! Come vorrei avere una pelle ruvida, e quel magnifico colore verde scuro... come vorrei avere un nudo decente, senza peli, come il loro! (*Ascolta i barriti*) Il loro canto è attraente, forse un po' rauco, ma certo attraente! Se potessi anch'io cantare cosí! (*Cerca di imitarli*) Aah! aah! Brr! Brr! No, non è cosí! Proviamo piú forte! Aah! aah! Brr! No, non è cosí! Troppo debole, manca di forza, di vigore! Non riesco a barrire! Urlo soltanto! Aah! aah! Brr!... ma gli urli non sono barriti! Come mi sento in colpa! Avrei dovuto seguirli quand'ero ancora in tempo! Troppo tardi, adesso! È finita, sono un mostro! Sono un mostro! Non diventerò mai piú un rinoceronte, mai, mai, mai!... Non posso piú cambiare. Vorrei tanto, ma non posso, non posso! E non posso piú sopportarmi, mi faccio schifo, ho vergogna di me stesso! (*Si volta, spalle allo specchio*) Come sono brutto! Guai a colui che vuole conservare la sua originalità! (*Ha un brusco sussulto*) E allora, tanto peggio! Mi difenderò contro tutti! La mia carabina, la mia carabina! (*Si volta verso la parete del fondo dove si vedono le teste di rinoceronte. Urlando*) Contro tutti quanti mi difenderò, contro tutti quanti! Sono l'ultimo uomo, e lo resterò fino alla fine! Io non mi arrendo! Non mi arrendo!

Sipario.

Indice

Stampato per conto della Casa editrice Einaudi
presso le Officine Fotolitografiche s. p. a., Casarile (Milano)
Ristampa identica alla precedente del 22 gennaio 1983

C. L. 690-8

Anno: 91 90 89 88 87 86 85

Ristampa: 8 9 10 11 12 13 14